MÉMOIRE

SUR LA

MUTUALITÉ DIJONNAISE,

PAR F.-X. GAULARD.

BESANÇON,

IMPRIMERIE ET LITHOGRAPHIE DE J. JACQUIN,

GRANDE-RUE, 14, HOTEL DE LA VIEILLE-INTENDANCE.

—

1848.

MÉMOIRE

SUR LA

MUTUALITÉ DIJONNAISE,

PAR

F.-X. GAULARD.

Une ordonnance royale, à la date du 9 février 1848, vient de retirer à la Compagnie d'Assurances Mutuelles contre l'incendie, fondée à Dijon en 1824, l'autorisation qui, dans le principe, avait régularisé son existence. Cette mesure, nécessitée par les nombreuses infractions aux statuts que s'étaient permises les gérants de la Société, laisse intacts, comme le porte l'ordonnance, les droits des parties lésées. Tout n'est donc pas fini pour les gérants de la Mutuelle : ils ont à rendre compte des actes de leur gestion, et cette tâche sera d'autant plus difficile pour eux, qu'ils auront à satisfaire des intérêts bien différents. Parmi les associés, les uns ont été forcés de subir des surtaxes de contribution que n'avaient point prévues leurs engagements ; d'autres ont été exemptés de payer une partie considérable de la cote promise ; des troisièmes, enfin, ont attendu et attendent encore en vain l'indemnité des sinistres dont ils ont été victimes. En présence d'un tel conflit, dans lequel je me trouve malheureusement intéressé, nos gérants ont besoin qu'on vienne à leur aide et qu'on rende facile la présentation de leur compte.

C'est dans le but de leur rendre ce service, et aussi dans celui d'éclairer les oyants et les juges, que j'entreprends, 1° de faire connaître les causes principales qui ont amené la ruine de la Mutualité; 2° de démontrer les infractions des gérants, et, par suite, leur responsabilité; 3° enfin, de fixer, sur les points essentiels, le sort des sociétaires intéressés. La première de ces propositions sera mise en évidence par un bref exposé des faits; les deux autres trouveront leur solution dans le développement des considérations de droit.

I.

Pendant les sept premières années de son existence, c'est-à-dire depuis le 1er janvier 1825 au 31 décembre 1831, la Compagnie Mutuelle de Dijon fut on ne peut pas plus prospère. Dans cet espace de temps, elle paya l'intégralité de ses sinistres sans absorber, même une seule année, la totalité des cotes contributives. Mais, à partir de 1832, les gérants, c'est-à-dire le directeur, le comité des sociétaires, le conseil d'administration et le conseil général [1], voulurent apporter des modifications dans le tarif des *maximum* de contribution : ils abaissèrent les taux de certaines classes de risques et élevèrent ceux des autres; la réduction opérée d'une part ne fut pas compensée par l'augmentation de l'autre, et ainsi se prépara la décadence de l'établissement.

Cette mesure était d'ailleurs illégale, injuste; elle jetait une grande perturbation dans les conditions du contrat social, en allégeant gratuitement les charges de certains assurés et en frappant les autres au delà de leurs engagements. Par suite de ces changements, les ressources de 1832, 1833 et 1834, ne purent couvrir les sinistres de ces mêmes années. Alors le directeur et les conseils de la Société, dans la vue d'apporter un remède au mal, en revinrent à modifier une seconde fois le tarif : ils haussèrent de nouveau les *maximum* des dernières classes de risques, tout en laissant au même taux ceux des premières. Mais, si ce moyen paraissait avantageux à la Société en général, il était en lui-même

---

(1) Je n'entends point faire peser les infractions que je relève sur les membres honorables des commissions de gestion qui s'y seraient opposés, et qui auraient dû subir la décision de la majorité.

souverainement injuste, puisqu'il violait de rechef, et à l'égard de ceux seulement qui déjà avaient été frappés en 1832, les *maximum*, sur la foi desquels ces sociétaires s'étaient engagés. Les années 1836 et 1837 ayant été heureuses, on put acquitter les sinistres arriérés, et la fin de 1838 vit ressortir un léger boni.

A peine la Mutualité fut-elle sortie de la détresse où l'avaient jetée les imprudents changements de 1832, que les gérants la replongèrent dans de nouveaux embarras. Impatient de grossir les masses d'assurances, sans égard aux ressources que cela devait procurer, le directeur, M. Nicolas, proposa pour 1839, aux conseils qui l'adoptèrent, une réduction du *maximum* de la première classe, tout en laissant les autres dans l'état où ils étaient. Mais là ne devait pas s'arrêter l'étrange conduite du directeur : bien que 1839 laissât un arriéré de 10 pour % sur les sinistres de l'année, M. Nicolas imagina de subdiviser la première classe de risques en classe de villes à la prime de 50 centimes seulement, et en première classe de campagne, rétablie à la prime de 70 centimes. Ici la passion de M. Nicolas, pour attirer à la Mutuelle des bâtiments à n'importe quelles conditions, est trop manifeste pour ne pas le croire mu par des vues d'intérêts privés. Ce jugement n'a rien de téméraire, quand on pense que les honoraires du directeur se calculaient sur la masse des valeurs assurées. On ne pouvait mieux faire, pour élargir la base de ces honoraires, que de faire appel, par l'appât du bon marché, aux bâtiments des villes dont la valeur est généralement élevée; aussi vit-on la Mutuelle répondre de capitaux immenses, admis principalement dans la classe des villes, dont les mises ne suffisaient pas même aux frais d'administration qui la concernaient; car, si je ne me trompe, le directeur percevait à titre d'honoraires 35 centimes, à très peu près, par 1000 de la généralité des capitaux assurés. Il est vrai que, lors des modifications du tarif contributoire, il n'avait pas laissé le chiffre des frais dans l'état où nous le montrons. Après avoir fait rayer, par les conseils, l'article 43 des statuts qui, dans le principe, fixait ces frais en dehors des cotes contributives destinées aux indemnités, comme aussi l'article 44 relatif au fonds de pompes, et avoir confondu ces différentes natures de mises sociales, il s'était fait octroyer un sous-tarif déterminant, d'une manière graduée, les frais qu'il avait droit de percevoir sur chaque classe distinctement : les villes et la première classe de campagne parurent n'en supporter qu'un contingent en rapport avec leurs *maximum ;* mais ce n'était là qu'un leurre jeté aux conseils et aux assurés ; M. Nicolas ne laissait pas fuir loin cette réduction ; il savait la ressaisir sur les dernières classes, de sorte que, en fin de compte, ses émoluments pouvaient être parfaitement rétablis. Des innovations du genre de celles que nous venons de signaler ne pouvaient manquer d'avoir des conséquences désastreuses. Aussi 1840 ne paya que la moitié de ses sinistres.

En face d'une telle position, M. Nicolas aperçoit l'imminence du danger qui menace la Société ; il songe à le conjurer. Dans ce but, il fait adopter par les conseils, pour 1841, un tarif où l'on recule les limites de tous les *maximum.* Lors des tarifications de 1832 et autres, on avait imposé les changements à tous les assurés, à ceux dont les adhésions fournissaient leur cours de durée comme à ceux qui se présentaient pour en donner de nouvelles : dans le tarif de 1841, on est plus respectueux pour les engagements formés ; on déclare que les nouveaux *maximum* ne seront appliqués qu'aux assurances à faire et aux renouvellements, c'est-à-dire aux assurances conservées par tacite reconduction. Mais le bien qu'on s'était proposé en décrétant le nouveau tarif, ne devait produire son effet qu'à la longue : toutes les assurances de 1839, de 1840, faites pour un temps qui ne pouvait être au-dessous de cinq ans, devaient atteindre leur terme : aussi, sans rien payer sur les découverts de 1839 et 1840, l'année 1842 éprouva un nouveau déficit de 25 pour %, et 1844 ne pouvait se suffire qu'en revenant sur la clause restrictive touchant l'application du tarif de 1841, et en infligeant les *maximum* de ce tarif à tous les assurés en général.

Tandis que M. Nicolas s'occupait, tantôt à démolir, tantôt à reconstruire l'édifice mutuel, les incendiés de 1839, 1840 et 1844, ne cessaient de pousser des plaintes et d'adresser des réclamations. L'arriéré, qui ne s'élevait pas à moins de 385,000 francs, devenait chaque jour plus pesant. Alors on se décide à prendre un moyen extrême : on dresse de plus belle un tarif de dimension assez large pour faire face à tout, dans lequel le surcroît de charges pèse uniquement sur les dernières classes, les villes, on ne sait pour quelle raison, étant épargnées; puis on déclare ce tarif obligatoire immédiatement pour la généralité des assurés. A cette vue, ceux-ci, pour la plupart, frappés de l'arbitraire qui préside à la direction de la Société, du mépris que l'on fait du contrat social et de l'infidélité que l'on apporte au paiement des sinistres, refusent de verser leurs mises. Traduits devant les tribunaux, les uns, excipant des infractions des gérants, obtiennent la résolution du contrat social et demeurent libérés; d'autres, offrant les mises qu'on leur réclame, suivant les maximum qu'ils ont adoptés lors de leur adhésion, triomphent contre les surtaxes de la Société; d'autres, enfin, sans succès dans leur défense, sont frappés de condamnations et subissent toutes les exigences des gérants mutuellistes : de là la désorganisation complète de la Société.

Cependant un tel désastre ne réveille dans le cœur des gérants de la Mutuelle aucun sentiment de pitié pour les malheureux, victimes de sinistres. Certains de la ruine de l'établissement qu'ils ont préparée comme à l'envi, ils ne songent qu'à leur avenir. Une compagnie nouvelle, œuvre, peut-être, de leur prévoyance, se présente, décorée du beau nom de *Bienfaisante*. Sous le singulier prétexte d'avantages pour les assurés mutuels, M. Nicolas et ses conseils lui vendent les infortunés débris de leur Société, comme on vendrait un fonds de commerce; et, à l'abri de cet ignoble marché, les agents de la Mutualité pensent conserver leurs places et leurs émoluments. Mais la plus grande partie des assurés mutuellistes, réprouvant le transfert qu'on a fait d'eux, refusent de prendre des engagements dans la Bienfaisante, servie qu'elle est par des hommes qui, pour en avoir abusé, n'ont plus leur confiance; et ils restent dans leur position, convaincus que le contrat mutuel est rompu et qu'il est temps pour eux de garder la liberté. Toutefois, leur liberté n'est pas telle qu'ils soient exempts de l'action tracassière des percepteurs de la Mutuelle : on croyait celle-ci morte qu'il y avait toujours des agents; et, bien qu'ils aient fait recette chez ceux qui ont été condamnés ou qui ont voulu éviter un procès, nous, incendiés depuis longtemps, nous n'avons rien reçu. Tel était l'état de la Société quand le gouvernement est venu la frapper du retrait de l'ordonnance approbative des statuts.

J'ai passé sous silence l'état des incendiés des dernières années de la Mutuelle; je n'ai aucune pièce officielle qui me fasse connaître leur position. J'arrive à la question envisagée sous le point de vue du droit.

II.

Nous avons dit, dans l'exposé qui précède, que les assurés des dernières classes avaient été, par suite des diverses modifications du tarif, forcés de payer au delà des prévisions de leurs engagements, tandis que les assurés des premières classes avaient payé moins. Examinons l'étendue des obligations des uns et des autres.

En fait d'assurance, il y a deux espèces d'associations mutuelles : l'association *illimitée,* qui consiste dans l'obligation, de la part des membres qui la composent, de s'indemniser réciproquement de la *totalité* des sinistres qu'ils peuvent éprouver; et l'association *limitée,* qui n'oblige les assurés à s'indemniser que jusqu'à concurrence de *telle quotité* des sinistres. Cette distinction, qui ressort de la nature des choses, a été reconnue par M. Nicolas lui-même, dans un ouvrage qu'il a publié en 1836, à l'usage de ses agents, et qu'il appelle, suivant son avis-préface, du nom de *Manuel définitif.* On lit, pages 11 et 12 de ce Manuel :

« Deux manières de pourvoir au remboursement des sinistres se pré-
» sentèrent à l'esprit des personnes qui, les premières, s'occupèrent
» de Mutualité en matière d'incendie. L'une consistait à répartir le
» montant des sinistres, quel qu'il fût, entre tous les assurés, sans indi-
» quer une somme au delà de laquelle on ne pourrait plus rien deman-
» der aux assurés; l'autre, à fixer des maximum qui ne seraient jamais
» dépassés.

» . . . .

» Dans les mutualités où l'on se serait engagé à payer une somme in-
» déterminée, selon le plus ou le moins d'importance des sinistres, on
» était sûr de toucher toujours, et dans un délai peu long, jusqu'au
» dernier centime de sa perte.

» Dans les mutualités à *maximum fixes*, on avait la certitude de ne
» payer jamais, au pis-aller, chaque année, que tant par 1,000 de la
» valeur des bâtiments, et de payer moins si les sinistres se renfer-
» maient dans les maximum, s'ils n'en employaient qu'une partie [1]. »

Or, disons-le pour les assurés des dernières classes, l'association de
Dijon était une Mutualité *limitée*, une mutualité à *maximum*. Les statuts primitifs portent, art 19 :

« La portion pour laquelle chaque sociétaire est tenu de contribuer
» au paiement des indemnités, *ne peut jamais dépasser, dans le courant*
» *d'une année, le maximum ci-dessus déterminé* pour chaque classe,
» savoir :

> » Dans la première. . . 0f· 60)
> » Dans la seconde . . . 1 » | par 1,000 de la valeur
> » Dans la troisième. . . 1 80 (assurée. »
> » Dans la quatrième . . 2 40)

Comme on le voit, cet article renferme une disposition précise sur
la portée des engagements des assurés : si les sinistres n'exigeaient pas
l'appel entier du maximum, il est clair que les Mutuellistes demeureront libérés du surplus ; si, au contraire, l'appel du maximum était
nécessaire, alors les assurés étaient tenus de le verser, mais on ne
pouvait rien exiger au delà ; le texte de notre article résiste à l'idée
d'une contribution plus forte. Aussi le cas d'un excédant de charges sur
les ressources a-t-il été prévu. L'article 26 des statuts porte :

« Si le fonds de prévoyance est insuffisant [2], les dommages seront
» soldés au moyen d'un appel de fonds fait *dans les bornes du maximum*
» *fixé par l'art. 19.*

» En cas d'*insuffisance* du maximum de la portion contributive, elle
» sera distribuée au marc le franc entre les incendiés, imputation faite
» à chacun des sommes déjà reçues sur le fonds de prévoyance. »

Il est vrai que, dans le cas de sinistres graves, l'application de cet ar-

---

(1) Il faudrait voir avec quelle pitoyable logique M. Nicolas essaie de justifier, après les principes
que l'on vient de retracer, les modifications qu'il a opérées dans les *maximum* du tarif.

(2) Le fonds de prévoyance se formait, au commencement de l'année sociale, par le versement de la
moitié du maximum. (Art. 20 des statuts.)

ticle eût été pénible pour ceux qui auraient eu des indemnités à recevoir ; mais telles étaient les conditions du contrat. Du reste, les maximum n'avaient pas été si mal fixés dans le principe, puisque tant qu'ils ont été respectés, les sociétaires n'ont pas été obligés de les payer en entier une seule année ; et, chose frappante, dès la première année du remaniement du tarif, un déficit est venu affliger les incendiés.

La limite posée par les maximum était tellement regardée comme immuable, que, nonobstant le texte clair de l'art. 19 et la présence de l'art. 26 qui, dans le cas contraire, eût été tout à fait inutile, on confirme ce point principal par plusieurs dispositions des statuts. Ainsi, traitant des fonctions du conseil d'administration, on dit :

« Art. 77. Il (le Conseil) arrête les états de répartition et en ordonne » le recouvrement après en avoir vérifié l'exactitude, et s'être assuré » *que les limites posées à la mutualité par l'art. 19, ne sont dépassées* » *pour aucun sociétaire.*

» Art. 80. Sont à la charge de la Société, toutes les fois qu'ils ne sont » pas susceptibles de recouvrement, les frais de poursuite contre les re- » tardataires, ceux de toute action intentée et suivie d'après l'avis du » conseil d'administration, ceux de vérification de la valeur des pro- » priétés assurées, et ceux d'expertise des dommages. Ces frais s'acquit- » tent sur le fonds de prévoyance, et sont compris, s'il y a lieu, après » autorisation du conseil d'administration, dans la première réparti- » tion, *sans que le maximum de la portion contributive de chaque sociétaire* » *puisse jamais être dépassé.* »

Je ne sais si on comprend le français dans les bureaux de la Mutuelle ; mais, à moins de se jouer du sens et de la valeur des mots, il faudra reconnaître que les statuts posaient une barrière infranchissable à la quotité des mises annuelles, quels qu'aient pu être les sinistres. Si l'expression de maximum sans cesse répétée, si la tournure prohibitive des phrases ne suffisaient pas pour fixer les parties sur ce point, que fallait-il donc ? Comment devra-t-on formuler un contrat dorénavant, si celui de la Mutuelle était susceptible du sens que lui ont donné les gérants ? Je laisse aux hommes sérieux le soin de peser ces réflexions.

Ce n'est pas tout, l'engagement des sociétaires trouve une preuve infaillible de la limitation des mises dans la nature même de l'association. L'article 1ᵉʳ des statuts porte :

« Il y a Société *anonyme* d'assurances mutuelles contre l'incendie,
» entre les soussignés et tous autres propriétaires de maisons et bâti-
» ments situés dans les départements de la Côte-d'Or, etc..., qui adhé-
» reront aux présents statuts. »

Or, qu'est-ce qu'une société *anonyme*? C'est une société qui n'offre au public, pour toute garantie, qu'un capital déterminé; ce capital se compose de toutes les mises que les associés ont promis d'apporter : dès que la communication de ces mises a eu lieu, toute obligation personnelle est éteinte de la part des sociétaires; ils sont à l'abri de toutes recherches, de même que les commanditaires. Ecoutons ce que nous dit M. Troplong dans son Traité des sociétés, nº 455, parlant des sociétés anonymes :

« .... Le capital social répond seul. Une fois la mise effectuée, il n'y a
» plus ni réflexion ni réaction possibles des faits de la Société sur la
» personne des assurés. Tout associé anonyme est commanditaire. Nul
» mélange possible de commanditaire et d'associé solidaire. »

En effet, s'il en était autrement, à part la solidarité d'associé à associé, on retomberait dans le cas de la *Société collective,* où les membres sont tenus indéfiniment; et ce n'est pas ce qu'a voulu faire la Compagnie de Dijon, puisqu'elle a formellement pris le titre de *Société anonyme.*

Il demeure donc établi d'une manière irréfragable, que la Mutuelle dijonnaise a été érigée dans des conditions telles que son article 19 formait la mesure, au pis-aller, de la contribution annuelle à fournir par chaque classe.

Pour ce qui regarde les assurés des premières classes, nous dirons que l'article 19 des statuts renferme une seconde disposition non moins expresse que celle de la limitation des mises; c'est celle qui consiste à déterminer la proportion de ces mises entre les différentes classes. Lors de l'établissement de la Mutuelle, il était à croire que la plupart des années ne donneraient pas des sinistres au point d'absorber la totalité des cotes contributives, et dès lors une répartition au-dessous des maximum devenait nécessaire. C'est, d'ailleurs, ce qui est arrivé durant les sept premières années d'existence de la Société. Or, dans ce cas, c'est encore l'article 19 qui offre la base de proportion. Bien que son texte fasse suffisamment ressortir cette autre disposition, cependant le contrat social la reconnaît d'une manière formelle. L'art. 47 des statuts porte :

« Les propriétés bâties offrant des chances différentes d'incendie, à
» raison, non-seulement de leur construction, mais des produits natu-
» rels ou manufacturés que l'on y serre, et des professions et indus-
» tries que l'on y exerce, elles sont partagées en quatre classes, confor-
» mément au tableau ci-annexé [1].

» *Ces classes concourent ensemble à s'indemniser* des dommages causés
» par le feu, dans les proportions indiquées par ce tableau et *fixées*
» *par l'article 19.* »

Ainsi, le contrat, sur ce point, est aussi formel que sur le précédent : il dit positivement que *les classes concourent ensemble à s'indemniser, dans les proportions fixées par l'article 19;* expressions qui impliquent solidarité entre les classes, bien que les individus ne soient tenus que de leurs mises respectives, comme aussi elles indiquent la quote-part à fournir par chacune de ces mêmes classes. Le contrat n'a pas voulu que chaque classe pût prétendre à s'indemniser isolément ; il a voulu les lier ensemble, les obliger réciproquement, sans égard au plus ou moins de sinistres que chacune d'elles éprouverait. Et en effet, la disposition contraire aurait eu pour résultat de produire autant de sociétés que de classes, c'est-à-dire quatre mutualités au lieu d'une ; car le signe caractéristique de toutes associations civiles, c'est l'existence d'une comptabilité spéciale, la présence d'une caisse particulière [2]. Or, la Mutualité nous révèle son état unitaire dans tout l'ensemble de ses statuts ; puis, comme si cela n'était pas suffisant, elle proclame hautement cet

[1] Le tableau dont il s'agit est indifférent à la question qui nous occupe ; il était destiné à guider les agents dans la réception qu'ils avaient à faire des bâtiments à telle ou telle classe. J'accepte le classement qui a été fait, sans admettre qu'il ait été régulier.

[2] Quibus autem permissum est corpus habere collegii, societatis, sive cujusque alterius eorum nomine : *proprium est*, ad exemplum reipublicæ, habere res communes, arcam communem... (*Dig.*, lib. III, tit. iv, l. 1.)

état dans un article exprès. De là, nécessité de reconnaître une loi de proportion pour déterminer la quotité des mises de chaque classe, toutes les fois que le maximum ne devait pas être atteint; et cette loi de proportion, c'est l'article 19 des statuts, comme le dit littéralement l'art. 47.

J'insiste sur ce point, parce que la violation de cette disposition a été incomparablement plus blessante que celle sur la limitation des mises; car si l'on eût franchi le maximum des mises de toutes les classes dans la proportion du tarif, l'entière indemnité procurée par ce fait aux malheureux frappés de sinistres aurait pu faire passer sur l'illégalité de la mesure. Mais exiger des uns plus de deux fois la cote convenue, et ne pas même demander le tiers de cette cote aux autres, ç'a été un trouble, dans la proportion des mises, vraiment révoltant. Or, il y avait une obligation formelle, de la part des premières classes, de concourir aux indemnités, avec les dernières, *dans la proportion de l'article* 19 : cette obligation a-t-elle été remplie? devait-elle l'être? Et en vertu de quelle loi, par hasard, ceux qui avaient pris cet engagement auraient-ils pu s'y soustraire? Voyons si les textes de notre législation peuvent se prêter à l'interprétation que les gérants ont faite du contrat mutuel. On lit dans l'article 1136 du Code civil, qui a rapport aux effets des obligations en général :

« L'obligation de donner *emporte celle de livrer la chose...* »

L'article 1845, relatif aux sociétés, et en particulier aux engagements des associés entre eux, porte :

« *Chaque associé est débiteur envers la société de tout ce qu'il a promis d'y apporter* [1]. »

Maintenant, si l'on consulte la doctrine des auteurs, on entend M. Toullier professer, tome VI, n° 190 :

« Le premier, le principal effet de toutes les conventions, est de con-
» férer à chaque contractant *le droit réciproque de contraindre l'autre à*

---

[1] On me pardonnera ces citations et celles que je dois faire encore. L'importance de la question demande que rien ne soit négligé pour mettre les choses à jour : d'ailleurs, l'abus que l'on a fait du contrat mutuel m'autorise suffisamment à reproduire la loi et la doctrine sur les points même les plus élémentaires.

» les exécuter, de lier les parties, de les obliger aussi fortement que la loi
» même aurait fait. Leurs volontés, libres dans l'origine, deviennent, par
» la conclusion du contrat, assujetties au joug de la nécessité. Contractus
» sunt ab initio voluntatis, ex post facto necessitatis.

» N° 191. La loi sanctionne les conventions : elle leur prête toute sa
» force ; en un mot, elle les érige en loi, comme le dit énergiquement
» l'article 1134 : « Les conventions légalement formées tiennent lieu
» de loi entre ceux qui les ont faites. »

» N° 200. Celui qui s'est obligé de donner une chose est tenu de la
» livrer en temps et lieu convenables, c'est l'obligation principale. Cette
» livraison ou tradition de la chose promise est ce qu'on appelle le paie-
» ment. »

M. Troplong, Traité des Sociétés, n° 457, dit, en parlant des sociétés
anonymes :

« Tout associé est débiteur envers la société du montant de son ac-
» tion, et le directeur, comme mandataire de la société, a qualité pour
» le contraindre à tenir son obligation.

» Je pense même que les tiers qui ont contracté avec la Société et qui
» la trouvent insolvable, ont aussi qualité pour agir directement contre
» les associés qui n'auraient pas versé le montant de leur action. La
» mise de chaque associé est la garantie des tiers ; elle leur est acquise ; il
» faut donc qu'ils puissent poursuivre directement l'associé qui en est
» encore débiteur. Sans doute, toute action est éteinte contre les asso-
» ciés quand ils ont réalisé leur mise, et dès cet instant un mur de sé-
» paration s'élève entre eux et les tiers. Mais quand cette condition n'est
» pas remplie, les tiers ne peuvent être repoussés par une fin de non-
» recevoir, et nous retrouvons ici les principes que nous avons exposés
» sur l'action des tiers contre les commanditaires. »

On comprend parfaitement que la Société anonyme, n'offrant pour
garantie de ses engagements qu'un capital derrière lequel les associés
échappent à toute action personnelle, il est clair, au moins, que ce capital doit être entier : il faut donc que tous les sociétaires communi-
quent rigoureusement l'intégralité des mises dont il se compose. Et dans
le cas particulier, ce devoir était d'autant plus impérieux, que la loi de

proportion dans les mises de chaque classe dominait tout le contrat : que lorsqu'on exigeait le maximum dans une classe ; on devait l'exiger dans l'autre, et que quand on aurait cru pouvoir franchir ce maximum à l'égard de l'une, il devenait nécessaire de le franchir à l'égard de l'autre. Nous avons vu qu'on créait des mutualités sans *maximum ;* mais il est impossible d'en créer sans mesure de proportion dans les mises, dès que l'on opère sur des bâtiments présentant des chances différentes d'incendie, dès que l'on admet diverses classes de risques. N'oublions donc pas cette règle nécessaire, prédominante, de la proportion des mises dans le contrat mutuel, règle tracée par l'article 19 des statuts et sanctionnée par l'article 47.

En présence de la double disposition de l'article 19, sur laquelle étaient venues se grouper avec confiance de nombreuses adhésions, il semblait que le directeur et les conseils de la Société devaient garder un maintien respectueux. Cependant non. Ainsi que nous l'avons dit plus haut et que nous venons de le démontrer, ils osent enfreindre la mesure, troubler profondément l'ordre qu'établit notre article. Pour cela, ils prétendent trouver un mandat suffisant dans l'article 107 des statuts ainsi conçu :

« Si l'expérience démontrait que des changements ou modifications
» dussent être introduits dans les statuts, *pour l'avantage de la Société,*
» les fondateurs autorisent le conseil d'administration à les faire, sauf
» l'approbation du conseil général, après avoir entendu le comité des
» sociétaires et le directeur.

» A cet effet, les fondateurs donnent dès ce moment au conseil d'ad-
» ministration tous les pouvoirs à ce nécessaires. »

Il s'agit donc de se fixer sur la portée de cet article, et d'examiner si le directeur et les conseils de la Société ont franchi ses limites.

On sait qu'il y a deux espèces de mandats : le mandat général et le mandat particulier. Le premier confère au mandataire les pouvoirs suffisants pour gérer les affaires du mandant ; mais le second est nécessaire, s'il s'agit d'actes de disposition. L'article 1988 du Code civil porte :

« Le mandat conçu en termes généraux n'embrasse que les actes

» d'administration. — S'il s'agit d'*aliéner* ou d'hypothéquer, *ou de quel-*
» *que autre acte de propriété*, le mandat doit être exprès. »

Or, l'article 107 des statuts étant conçu en termes généraux, ne spé-
cifiant nullement les réformes qu'il croit pressentir comme utiles au
bien de la Société, rentre entièrement sous l'autorité de la première disposition de notre article; en sorte que tous les changements auxquels
pouvaient se livrer les gérants de la Mutuelle, ne devaient porter que
sur les points des statuts qui touchaient à l'administration, à la marche
de l'association, et dans un intérêt de prospérité bien entendu. Mais
telle n'a pas été la conduite de nos administrateurs mutuels : ils s'en
sont pris, sans le moindre scrupule, au capital social; ils ont changé la
combinaison des mises destinées à le former; ils ont altéré la substance,
la matière du contrat synallagmatique passé entre la Société, d'une part,
et les associés, de l'autre; et cette altération a eu l'affreux caractère de
faire subir aux uns un excédant de mises inattendu, d'exempter les
autres d'une partie de la leur, et, en somme, d'aliéner à la Société une
partie considérable de ses ressources. Une réforme aussi hardie, aussi
hétérogène, aussi ruineuse, s'expliquerait à peine en présence d'un
mandat spécial; à plus forte raison est-elle incompréhensible, intolé-
rable, quand on la voit opérée sous l'influence d'un pouvoir général.
Dans toutes sociétés, le capital social ne tombe sous la main des gérants
que pour ce qui regarde son administration, c'est-à-dire pour recevoir
le mouvement que lui assigne la destination de l'entreprise; mais jamais il ne peut être de leur part l'objet d'une modification dans sa
quotité fixément déterminée. M. Troplong, *Traité des Sociétés*, dit :

« N⁰ 181. Une fois le capital social formé par l'acte de société, *rien*
» *ne peut porter atteinte aux combinaisons qui ont présidé à sa constitution;*
» rien, dis-je, que la volonté de *tous* les associés.

» N⁰ 182. Ainsi, le capital social ne peut être augmenté, *si tous les*
» *associés* n'y consentent pas. Vainement la majorité déciderait-elle que
» le capital social est insuffisant et qu'un appel de fonds est nécessaire
» pour soutenir la marche de l'entreprise; la minorité peut se refuser
» de répondre à cet appel *quand l'acte social ne l'autorise pas;* un associé
» n'est tenu que de payer la mise convenue; *l'obliger à un supplément,*

» *c'est sortir du contrat social; c'est faire un contrat nouveau sans sa vo-*
» *lonté.* »

Par tout cela, on voit que toucher au capital social, c'est faire acte
de maître, par conséquent acte de propriété, acte de disposition. Un
tel acte, dès lors, ne peut être accompli par les gérants que si le pacte
social l'a prévu, que s'il l'a autorisé spécialement, ou, à défaut, au
moyen d'un pouvoir particulier. Et dans ce cas, c'est un acte tellement
substantiel, tellement radical, que, les formalités une fois remplies,
l'ancienne Société cesse pour faire place à une nouvelle, et qu'alors
apparaît une novation complète. Et cependant ce sont des modifications
de cette nature qu'ont opérées nos gérants mutuellistes, en s'autorisant
d'un mandat conçu en termes généraux que portait le contrat! Ont-ils
donc cru, ces gérants, que, armés de l'article 107 des statuts, ils pouvaient détruire impunément les clauses les plus essentielles, les plus
fondamentales, de la convention sociale? Ont-ils cru que, placés sur le
terrain de cet article 107, ils pouvaient frapper brutalement à droite,
à gauche, ruiner à plaisir autour d'eux l'édifice mutuel, et sortir ensuite saufs de toute responsabilité? Assurément, ils n'ont pu le penser
ainsi, et dans tous les cas, ils ne pourraient échapper à une juste réparation.

J'ajouterai à ce que j'ai dit sur le mandat, les paroles prononcées par
les orateurs du gouvernement lors de la présentation du titre du Code
civil qui traite du contrat dont nous nous occupons.

M. Berlier, dans l'exposé des motifs fait au Corps législatif, disait :
« Le mandataire devra *se renfermer strictement dans les termes* de sa
» procuration.

» Si le mandat spécifie les actes qui en sont l'objet, *cette spécification*
» *deviendra la mesure précise* des pouvoirs conférés par le mandant, et
» tout ce qui se fera au delà sera nul. »

Puis, arrivé aux mandats conçus en termes généraux et passant en
revue l'opinion des anciens jurisconsultes, qui distinguaient deux espèces de formules générales, dont l'une comportait la faculté d'admi-
nistrer seulement, tandis que l'autre pouvait aller jusqu'au pouvoir de
disposer, il dit formellement :

« L'on n'a pas suivi cette distinction; car, en matière de propriété,
» l'on ne doit pas facilement présumer qu'on ait voulu remettre à un
» tiers le pouvoir d'en disposer; et si on l'a voulu, il est si facile de
» l'exprimer formellement, que la loi peut bien en imposer l'obliga-
» tion, seul moyen de prévenir toute équivoque et d'obvier aux surprises
» et aux erreurs.

» Ainsi, en maintenant à cet égard les dispositions du droit romain [1],
» tout mandat conçu en termes généraux n'embrasse que les actes
» d'administration: et s'il s'agit ou *d'aliéner* ou d'hypothéquer, *ou de*
» *quelques autres actes de propriété,* le mandat devra être exprès. »

M. Tarrible, dans son rapport au Tribunat, s'exprime ainsi :

« Le mandat, dit le projet, n'embrasse que les actes d'administration,
» lorsqu'il est conçu en termes généraux; s'il s'agit d'aliénation, d'hy-
» pothèque *ou de quelque autre acte de propriété,* le mandat doit être
» exprès.

» Un homme, en effet, ne confie un mandat général que lorsqu'une
» longue absence *ou quelque autre cause* l'empêche de gouverner lui-
» même ses affaires; cet homme, dans une pareille position, n'est sensé
» avoir en vue de pourvoir qu'à la simple administration de ses affaires.
» La loi présume que s'il eût eu l'intention de conférer le pouvoir *d'a-*
» *liéner,* d'hypothéquer *ou de faire des actes de propriété, il n'aurait pas*
» *manqué d'exprimer sa volonté sur des objets d'une si haute importance;*
» cette interprétation de la loi a le double avantage d'être la plus judi-
» cieuse et de fixer toutes les incertitudes.

» Le mandataire ne peut rien faire au delà de ce qui est porté dans
» son mandat : ce sont là les bornes invariables dans lesquelles il doit
» se circonscrire; *s'il dépassait la volonté du commettant,* dont il n'est
» que l'organe, *il n'exécuterait plus le mandat,* il le violerait [2]. »

---

(1) Mandato generali non contineri etiam transactionem decidendi causa interpositam : et ideo si
postea is, qui mandavit, transactionem ratam non habuit, non posse eum repelli ex actionibus exer-
cendis. (*Dig.*, De procur., lib. III, tit. iii, l. 60.)

Procurator totorum bonorum, cui res administrandæ mandatæ sunt, res *domini neque mobiles,* vel
immobiles, neque servus *sine speciali domini mandato* alienare potest : ni fructus aut alias res quæ
facile corrumpi possunt. (*Loc. cit.*, l. 65.)

(2) *Locré,* tome XV, pages 234, 235-246.

Et si les actes du maître sont interdits au mandataire général dans tous les cas, même lorsqu'il s'agirait d'améliorer le sort d'une société par quelque addition au capital social, on sent qu'ils doivent l'être d'une manière bien autrement rigoureuse quand ces actes sont destinés à amener une réduction dans les ressources de l'association; et c'est ce qui a eu lieu à l'égard de la Mutualité de Dijon. En prenant les valeurs assurées au 1er janvier 1840, par exemple, et faisant la double multiplication de ces valeurs, d'abord avec le tarif primitif, c'est-à-dire l'article 19 des statuts, et ensuite avec le tarif employé en 1840, on obtient pour résultat une différence de 34,300 fr. en moins, de la dernière opération sur la première, et cependant, qu'on se le rappelle, le tarif de 1840 fait subir aux dernières classes une surtaxe énorme qui n'est nullement acquise à la Société [1]. Or, l'article 107 des statuts portât-il que le capital social pourra être modifié, que nos gérants l'auraient encore violé, puisqu'il dispose formellement que les changements pressentis auront pour objet *l'avantage de la Société*.

Mais ne nous écartons pas du véritable sens de l'article 107, et disons qu'il ne comportait évidemment qu'un pouvoir de modifier les dispositions réglementaires consignées dans les statuts, c'est-à-dire celles qui avaient pour objet la forme administrative, les moyens de conduire à bonne fin le contrat social. Et quelle autre extension pourrait-on lui donner? Croira-t-on que sa puissance allait jusqu'à permettre, à l'égard

---

(1) J'ai relevé moi-même, à Dijon, les valeurs assurées au 1er janvier 1840, sur un état qui les représentait, et qui, à ma requête, m'a été communiqué par l'un des employés du bureau. Voici ces valeurs et le contrôle qu'elles nous permettent de faire :

1re classe. Section des villes, 58,799,400 fr. }			
Id. des camp^{es}, 87,180,700 } 125,980,100 fr. à » fr. 60 c. =	75,588 fr. 06 c.		
2e id. . . . . 56,755,600 à 1 » =	56,755 60		
3e id. . . . . 56,138,300 à 1 80 = 101,048 94			
4e id. . . . . 14,369,800 à 2 40 = 29,287 52			
255,243,800 fr.	262,680 fr. 12 c.		
Frais d'administration (art. 44 des statuts), réduits à 33 centimes 25 dix-millièmes, calculés sur 255,243,800 fr. d'assurances 117,455 36			
Fonds de pompes (art. 43 des statuts), calculé sur les mêmes assurances . . 12,661 19			
Montant obtenu par l'application des statuts primitifs. 392,794 87			
Produit résultant du tarif de 1840, frais et fonds de pompes comptés. . . . 358,488 43			
Différence en moins . . . . 34,306 fr. 44 c.			

3

des uns, de transformer une Société *limitée* en une association dont les membres seraient indéfiniment tenus? Mais alors les articles 19, 77, 80 des statuts, par leur rédaction prohibitive, nous jetaient en face un triple mensonge, et l'article 26 devenait un hors-d'œuvre! Osera-t-on soutenir que son esprit embrassait le pouvoir, à l'égard des autres, de réduire les engagements au point de rendre une classe de risques à charge aux autres, de 3 centimes par 1,000 de frais d'administration, du montant des sinistres que cette classe éprouverait, et des autres frais accessoires? Mais alors pourquoi la proportion contributive des classes écrite dans l'article 19, et la sanction de l'article 47? Pourquoi la présence des articles 43 et 44? Et en accordant une pareille élasticité à l'article 107, on ne serait pas encore au bout! Comme les changements opérés ont eu pour but, pour résultat, de procurer au directeur de gros honoraires, de lui assurer tous les avantages de l'établissement, laissant les charges aux autres associés, il faudra reconnaître par là même qu'il a été dans son droit en ruinant la famille mutuelle, et en lui substituant une société *léonine* [1]! Puis admettre en même temps que de semblables transformations, que des actes si exorbitants, se renferment dans les bornes de simples moyens d'administration! On sent tout ce qu'aurait de choquant pour la raison, l'équité et la loi, l'accueil de pareilles prétentions. Il est donc de toute évidence que les gérants ont franchi le mandat formulé dans l'article 107, et qu'ils ont violé la disposition qu'il comporte.

Mais, pourra-t-on objecter, les paiements faits par les associés n'ont-ils pas ratifié les réformes des gérants? — Il est clair qu'une telle prétention serait insoutenable.

Lorsque la Mutuelle s'est présentée au public pour appeler à elle des assurés, ceux qui ont voulu prendre des engagements ne se sont enquis scrupuleusement que d'une chose, celle de savoir la prime que l'on

___

[1] Aristo refert, Cassium respondisse, societatem talem coire non posse, ut alter lucrum tantum, alter damnum sentiret : et hanc societatem *leoninam* solitum appellare : et nos consentimus talem societatem nullam esse; ut alter lucrum sentiret, alter vero nullum lucrum, sed damnum sentiret. *Iniquissimum enim genus societatis est* ex qua quis damnum, non etiam lucrum spectet. (*Dig.*, lib. XVII, tit. II, l. 9, § II, pro socio.)

exigerait d'eux annuellement dans chaque classe. Les agents satisfaisaient à leur désir par l'indication des articles 19, 43 et 44 des statuts ; et ils avaient bien soin d'ajouter que les maximum de l'article 19 ne seraient probablement jamais atteints ; que seulement les sinistres se répartiraient sur les assurés occupant les différentes classes d'après les bases proportionnelles posées par cet article ; mais que, dans tous les cas, les limites qu'il fixait ne pouvaient nullement être dépassées. C'est là un fait que tous les assurés affirmeront, et que les agents, s'ils ont de l'honneur et de la bonne foi, ne manqueront pas d'avouer. Aussi, dès que les dernières classes se sont vues frappées d'une contribution excédant les maximum de l'article 19, ont-elles crié à l'injustice ; elles se sont crues dupes d'une surprise. Leurs assurés, pour la plupart hommes peu familiers avec les complications du droit, ont regardé les statuts comme un code de fourberie sous le joug duquel ils étaient peut-être assujettis. Mais dire qu'ils ont payé librement et de bonne volonté les surtaxes qu'on a jetées sur eux, ce serait mentir effrontément, ce serait dire ce que la conscience et la conviction repoussent de toute leur puissance. Et quelle résistance ces sociétaires trompés pouvaient-ils opposer aux agents de la Mutuelle? Est-il facile de se décider à soutenir un procès? J'en appelle à tous les hommes prudents et réfléchis, combien de fois préfère-t-on subir d'injustes exigences plutôt que de courir les chances ruineuses d'un procès, surtout quand on se voit en face d'un adversaire puissant, qui dispose de ressources immenses dont la perte ne réfléchit pas sur lui? Si les assurés avaient pu se croire liés par l'article 107 des statuts à des réformes du genre de celles qui ont été accomplies, je ne crains pas d'affirmer que jamais la Mutualité n'aurait réuni des adhésions pour la somme des valeurs nécessaires à sa marche. Ce n'a donc point été pour ratifier l'œuvre des conseils de la Mutuelle que les sociétaires ont payé ; les uns ont pu croire que, liés au contrat dès leur entrée à la Société, ce contrat renfermait une disposition dolosive dont ils se trouvaient forcément victimes ; d'autres, plus éclairés sur leurs droits, ont préféré payer ce qu'ils ne devaient pas aux chances d'un procès. Il y a donc eu, de la part des assurés qui ont payé les surtaxes, ignorance sur la portée de leurs droits et crainte pour leur fortune : or, ce sont deux vices qui, à part, pour le premier, la transaction et l'aveu judiciaire, rendent nulles les conventions. Après avoir traité avec étendue le vice résultant de l'erreur fondée sur l'ignorance, tome VI, n⁰ˢ 58 et suivants, M. Toullier dit, n° 67 : « Concluons donc » que l'erreur de droit, comme l'erreur de fait, annulle là convention » lorsqu'elle en est la cause principale ou le seul fondement. » — Quant à la violence, elle est manifeste dans le cas particulier. Les nombreuses assignations données aux assurés non payants en témoignent. Ceux qui, par des offres faites sur le pied du tarif qu'ils avaient suivi lors des paiements antérieurs, sont parvenus à vaincre la Société et à obtenir jugement contre elle, ont, toutes les fois que le cas l'a permis, subi les deux degrés de juridiction : je connais même un malheureux qui, au moment où j'écris, est assigné devant la chambre civile de la cour de cassation pour se défendre sur un pourvoi[1]. Il est facile, après cela, de juger de la liberté qui a présidé aux paiements faits par les sociétaires. Il y a eu violence, ou il n'y en eut jamais ; et cette violence est telle que la caractérise l'article 1112 du Code civil : dès lors point de ratification. L'une des conditions essentielles pour la validité de ce genre d'obligation, c'est qu'elle soit volontaire. L'auteur que nous avons cité il y a un instant dit formellement, tome VIII, n° 512 : « L'obligation n'est donc confirmée ou ratifiée que dans le cas où l'exécution du contrat *est libre et volontaire*, et non lorsqu'elle est forcée, c'est-à-dire *lorsqu'elle est la suite d'une poursuite judiciaire ou d'une contrainte exercée contre l'obligé.* »

Mais quand on supposerait que les assurés des dernières classes ont été mus dans le paiement qu'ils ont fait par un sentiment de pitié et d'intérêt pour les victimes de sinistres, ils auraient été le jouet d'une insigne duperie. Avant 1832, les feuilles annuelles d'avertissement portaient l'état détaillé des assurances placées dans chaque classe, celles subsistant au 1ᵉʳ janvier, et celles qui venaient se former mensuellement pendant l'année, et au moyen de ces données et du tarif, article 19, les sociétaires pouvaient s'assurer de l'exactitude des opéra-

---

(1) C'est le sieur Droz-Peccavi, de Morteau (Doubs).

tions et du résultat qu'elles procuraient. Mais depuis l'époque des changements, les agents ont eu soin de retenir dans leurs bureaux la quotité des valeurs assurées dans chaque classe; et par ce déguisement frauduleux, ils ont caché aux yeux des intéressés le déficit qu'éprouvait la caisse mutuelle, ce qui leur a permis de poursuivre sans obstacle leur marche souterraine et de miner l'établissement. Il était impossible aux sociétaires surtaxés de pénétrer dans cet intérieur ténébreux, de contrôler les actes des gérants, de remarquer surtout la faveur que l'on accordait aux premières classes et l'abîme que l'on creusait à la Mutuelle. Et ce serait pour cimenter une aussi inconcevable fourberie que l'on invoquerait le fait des paiements comme une ratification! Pour le soutenir, il faudrait être doué d'une singulière audace.

Au surplus, en ce qui concerne la Mutualité en général, la prétention d'une ratification d'état par les paiements se repousse par des raisons invincibles. On sait qu'en mutualité, les engagements n'ont que des effets relatifs, c'est-à-dire mesurés sur l'importance des sinistres, sauf, pour les associations *limitées*, le respect dû aux *maximum* convenus : la contribution à fournir est donc essentiellement variable d'année à année. Cette oscillation dans la quotité des mises n'est justifiée, à l'égard des assurés non gérants, que dès l'instant où ils sont à même de s'assurer des motifs sur lesquels elle se fonde. Or, les assurés ne pourront vérifier l'exactitude des opérations que lorsqu'elles leur seront révélées par un état offrant tous les éléments nécessaires : jusque-là, tout est provisoire, tout a subi l'action des gérants qui se portaient en avant pour les opérations; et si en procédant ils ont surchargé les uns et favorisé les autres; s'ils ont trahi la foi des assurés sur la loi proportionnelle des mises entre les classes, ils en doivent compte : tant que ce compte n'aura pas été produit et reconnu juste par les commettants, il pourra être redressé. Et les actes de gestion devaient-ils demeurer cachés jusqu'à aujourd'hui? Aux termes de l'ordonnance approbative de l'acte social, les gérants n'étaient-ils pas tenus de déposer chaque année, aux greffes des tribunaux de commerce, aux bureaux de préfecture de la circonscription mutuelle, un état de situation destiné à renseigner, et les autorités administrative et judiciaire, et les intéressés? Quelles raisons ont-ils eues pour s'abstenir de ce dépôt? On les devine, je l'espère.

Par tout ce que nous avons dit, il est manifeste que les gérants ont violé l'acte social et enfreint leur mandat; que dès lors, ils sont responsables. Mais nous n'avons envisagé la question que sous le rapport de la portée *civile* du contrat, sur le sens de ses termes et de son esprit considérés dans leur affinité avec la loi civile. Dans ce domaine, les tribunaux ont plein pouvoir de se livrer aux investigations, aux recherches qui peuvent les éclairer et former leur conviction. Mais lorsque le contrat participe à la fois du droit civil et du droit public, comme dans le cas qui nous occupe, alors le pouvoir judiciaire est lié par les actes du pouvoir administratif. Or, tant que l'ordonnance approbative de l'acte social ne s'expliquait pas sur la portée qu'elle avait voulu accorder à l'article 107 des statuts, les tribunaux avaient, pour se déterminer, les raisons que nous avons puisées dans le contrat civil et que je crois d'une puissance invincible. Aujourd'hui, il faut décider que les tribunaux n'ont plus la faculté d'interpréter notre article en ce qui touche les modifications du tarif. Cette interprétation est faite par l'avènement de l'ordonnance du 9 février, qui refuse à celle du 1er septembre 1824 la portée que les gérants avaient cru y trouver; car cette ordonnance ne fonde la révocation qu'elle prononce, que sur les infractions commises à l'égard des articles 19, 43 et 44, prenant soin d'énumérer, une à une, les délibérations du conseil d'administration et du conseil général qui ont refondu les dispositions de ces articles et changé la combinaison des mises. L'article 19 devient donc la mesure précise des engagements des associés pour ce qui regarde le paiement des indemnités. Non-seulement les parties l'avaient entendu ainsi, comme nous l'avons démontré; mais le gouvernement lui-même n'en avait pas douté. Il avait pris la peine de donner une explication sur l'article 55 des statuts dans son ordonnance d'approbation : il ne croit pas devoir en donner une à l'égard de l'article 19; il le croit suffisamment clair; et dès qu'on lui dénonce les modifications apportées à cet article, il les trouve d'une gravité telle, que ce n'est plus assez pour lui de donner une explication sur l'impuissance d'une réaction de l'article 107 sur l'article 19, dans l'esprit de son acte approbatif, mais il révoque nettement cet acte, comme profondément outragé, et il réserve expressément les droits des parties lésées. Et comment aurait-il pu prêter plus longtemps son appui à une société que les gérants avaient rendue méconnaissable? Chaque tarif nouveau n'était-il pas la tentative d'une association nouvelle que l'on ne rattachait à la première que pour la faire vivre de l'ordonnance d'approbation indispensable à son mouvement? Ce travestissement ne pourrait donc trouver la sanction de la justice, ni pour les actes qui resteraient encore à accomplir, ni pour ceux déjà accomplis, sans blesser les principes de l'ordre public. Bien que les associations mutuelles d'assurances ne soient pas, par la nature de l'entreprise et le but que l'on se propose, des sociétés de commerce, néanmoins elles sont soumises, pour les solennités de leur contrat organique, aux exigences de la loi commerciale, de même que si elles étaient de véritables sociétés anonymes : ainsi le décide un avis du conseil d'état, du 15 octobre 1809. Or, écoutons ce que dit de ces sociétés M. Troplong, dans son *Traité,* nᵒˢ 459 et 460.

« Une des conditions les plus remarquables de la société anonyme, c'est
» qu'elle ne peut exister qu'avec l'autorisation du roi, et avec son approba-
» tion pour l'acte qui la constitue. Cette approbation doit être donnée dans
» les formes prescrites pour les règlements d'administration publique.

» On a vu tout à l'heure les motifs donnés par M. Regnault de Saint-
» Jean-d'Angely, pour expliquer cette intervention du gouvernement dans
» les affaires privées [1]. L'esprit d'indépendance en a quelquefois mur-

---

(1) M. Troplong (*Sociétés,* nᵒ 449), nous retrace les paroles suivantes de M. Regnault de Saint-Jean-
d'Angely :

« Les sociétés anonymes ou par actions sont un moyen efficace de favoriser les grandes entreprises...
» ... Mais souvent des associations, mal combinées dans leur origine ou mal gérées dans leurs opé-
» rations, ont compromis la fortune des actionnaires et des administrateurs, *altéré momentanément le*
» *crédit général, mis en péril la tranquillité publique.* Il a donc été reconnu, 1º que nulle Société de
» ce genre ne pouvait exister que d'après *un acte public* (art. 40 du Code de comm.); 2º que l'inter-
» vention du gouvernement était nécessaire pour vérifier d'avance sur quelles bases on voulait faire
» reposer les opérations de la Société, et quelles pouvaient en être les conséquences. »

La Mutuelle de Dijon ne pouvait fonctionner à moins de huit millions d'assurances (art. 5 des statuts) : ces huit millions et l'art. 19 formaient la base rigoureuse des opérations prévues par l'ordonnance d'approbation.

» muré : mais ses plaintes sont vaines et irréfléchies. En effet, lors-
» qu'une société cache aux yeux du public tout son personnel, quand
» elle n'offre aux tiers aucune personne saisissable, quand elle vante
» pour toute garantie *un actif que chaque créancier n'a la possibilité de*
» *vérifier, les fraudes sont à craindre ;* l'agiotage peut substituer des fic-
» tions aux réalités du crédit ; et dès lors *un haut intérêt de police pu-*
» *blique* exige que l'autorisation du gouvernement, précédée d'un con-
» trôle protecteur, supplée à l'absence de cette responsabilité person-
» nelle que l'on retrouve dans toutes les autres espèces de sociétés, et
» dont la société anonyme est seule dispensée. Sans l'autorisation donc,
» *la société anonyme* ne serait qu'un piége audacieux tendu aux capita-
» listes et *au public.*

» Et notez bien qu'il ne suffirait pas d'une autorisation qui serait
» donnée avant la constitution de la société, d'une autorisation à futur ;
» il faut encore que les statuts qui organisent la société aient reçu
» l'approbation du gouvernement par le moyen d'une ordonnance
» royale. »

Voilà pour les associations à titre nouvel que l'on a voulu substituer
l'une à l'autre par la formation des différents tarifs. Point d'actes publics reproduisant ces tarifs ; point d'approbation de la part du gouvernement, dès lors pas ombre de contrat nouveau. Maintenant, s'il n'existe
pas même un contrat informe, il n'y a pas de ratification possible ; du
reste, comme les associations de la nature de celle de Dijon tiennent à
l'ordre public, elles ne sont pas susceptibles de ratification, la loi s'opposant perpétuellement à tous et à chacun des actes qui s'accomplis-
sent en dehors d'un contrat légal. M. Toullier, tome VIII, n° 515, dit :
« Si la convention est infectée de quelques nullités, fondées sur des
» motifs d'ordre public, sur l'intérêt général de la société, ou qui pren-
» nent leur source dans le respect dû aux mœurs, elle ne peut être
» confirmée par aucune espèce de ratification, soit par l'un ou l'autre
» des contractants, soit par tous les deux de concert. La ratification se-
» rait infectée des mêmes vices que l'acte ratifie. »

Les mêmes principes s'appliqueraient à des modifications même
moins importantes que celles des réformes du tarif, dès qu'elles sorti-

raient du domaine des dispositions purement administratives : seulement l'article 107 aurait pu servir à leur égard d'autorisation préalable, sauf, après les modifications opérées, l'approbation requise ; c'est ce qui résulte encore de la doctrine de M. Troplong (Sociétés, n° 254).

Ainsi, ni les délibérations réformant, à différentes reprises, le tarif, ni les actes accomplis en conséquence, n'ont pu donner à l'article 107 une extension qu'il n'avait pas dans le principe. L'ordonnance de révocation dit assez haut l'abus qu'on a fait de cet article en s'en servant pour créer des tarifs fantastiques ; et la voix de l'autorité administrative, dans ce cas, oblige le pouvoir judiciaire. M. Foucart, *Eléments de droit public*, tome Ier, page 152, nous dit : « Les ordonnances du roi, les arrêtés des préfets et des maires, sont obligatoires pour les tribunaux, qui doivent en faire l'application, soit en les prenant pour base de leurs jugements, soit en condamnant ceux qui y contreviennent. » — On peut voir aussi M. de Cormenin, *Droit administratif*, tome Ier, chapitre V, § 4, et M. Proudhon, *Traité du domaine de propriété*, n° 805. Comme on le voit, à la puissance de son texte civil, pour échapper aux métamorphoses de nos hardis gérants, l'article 19 des statuts ajoute la sanction souveraine du pouvoir administratif ; et, comme en fait de société anonyme l'acte civil ne prend de force obligatoire que dans l'acte du gouvernement qui l'approuve et suivant le sens de cet acte ; tout ce qui est fait en dehors de sa portée est illégal et réformable. Je n'ai pas besoin de rappeler qu'en ressuscitant l'article 19 des statuts, on doit rappeler à la vie les articles 43 et 44, relatifs au fonds de pompe et aux frais d'administration, sauf, pour le dernier, la réduction graduée suivant la somme des assurances, ainsi qu'il avait été prévu.

Maintenant, les gérants de la Mutuelle doivent être parfaitement au courant de leur devoir. Ils ont à rendre compte à leurs commettants ; et ce compte aura pour facteurs de l'actif, d'abord l'article 19 des statuts, et ensuite les valeurs assurées de chaque classe, en faisant disparaître la subdivision de la première depuis 1840 et en réunissant ses deux parties. Le passif se composera, 1° des frais prévus par l'article 80 ; 2° des non-valeurs ou cotes reconnues irrécouvrables ; 3° du montant des si-

4

nistres. Le compte comportera un chapitre par année, depuis 1832 à l'extinction de la Société, avec balance des opérations qui se rattachent à une même année ; puis, pour satisfaire à la solidarité des exercices, le boni des années heureuses sera rapporté dans un chapitre spécial et balancé avec le déficit des années malheureuses, afin d'arriver à un résultat définitif. Si, en fin de liquidation, il reste des valeurs disponibles, elles seront réparties suivant l'article 106 des statuts ; si au contraire, il se présente un découvert, alors l'article 26 recevra son application, à moins que les sociétaires ne consentent bénévolement à y faire face.

Je terminerai la discussion relative aux actes des gérants et à leur responsabilité par une observation qui intéresse les créanciers de la Société surtout, et qui ne doit pas être indifférente aux débiteurs. Nous voyons aujourd'hui les agents mutuels exercer des poursuites judiciaires contre les personnes qu'ils croient redevables envers la Société : c'est là, ce me semble, de l'arbitraire que les intéressés doivent arrêter. En effet, la dissolution de la Société a fait tomber tous les pouvoirs des administrateurs et ceux des agents. A la vérité, l'article 106 des statuts dit bien qu'après l'expiration des trente années de durée fixées pour l'association, si le conseil d'administration ne juge pas à propos de demander au gouvernement une prorogation de la Mutuelle, il sera procédé, par ce conseil, à la liquidation générale de la Société, sur le compte dressé par le directeur. Mais cet article était formulé dans la prévision que la gestion serait honnête, et que la Société atteindrait son terme naturel. Telles ne sont pas les conditions dans lesquelles se trouve aujourd'hui la Mutuelle. Cette Société a vu arriver, pour elle, une fin prématurée ; elle a été frappée au cœur par ses propres administrateurs, et elle est tombée sous les coups de la violence. Comment, après cela, ses administrateurs pourraient-ils encore conserver le ministère de confiance qui leur avait été accordé ? Ils doivent bien compte des actes qu'ils ont accomplis : ainsi ils sont tenus de reproduire aux associés toutes les valeurs qu'ils ont reçues, comme celles qu'ils ont légalement employées ; mais pour les valeurs à recouvrer, ils doivent seulement en fournir l'état : toute perception de deniers leur est interdite, et les redevables qui obéiraient aux demandes des agents, s'exposeraient à faire des paiements non libératoires. La dissolution de la Société en dehors des conditions de durée fixées par le contrat, détruit en même temps les conditions conventionnelles de liquidation future; le contrat une fois annihilé, ne peut plus conserver vivante une seule de ses dispositions pour l'avenir; tout mandat d'administration et de direction tombe avec lui, et il s'ouvre une communauté pour la liquidation de laquelle les intéressés doivent procéder comme en matière de succession, ainsi que le veut l'article 1872 du Code civil. Or, les gérants méritent-ils qu'on leur fasse une concession sur ce point? N'ont-ils pas suffisamment à faire de répondre des actes passés? Serait-il prudent, serait-il raisonnable, de leur conférer une gestion à venir, quand, par leurs infractions, ils ont fait disparaître la Société? quand ils ont été assez infidèles pour conserver jusqu'ici l'indemnité du malheureux incendié? Car je puis le dire sans crainte d'être démenti, les incendiés de 1840, au nombre desquels je me trouve, n'ont pas touché un sou sur la portion contributive qui leur était acquise, c'est-à-dire sur la moitié de la cote afférente à 1840, mais perçue en 1841. Et où sont les fonds provenant de cette portion de cote? Les agents diront-ils qu'ils les ont conservés? Mais ils seraient impardonnables d'avoir fait et de faire encore souffrir les infortunés créanciers qui attendent leur indemnité. Diront-ils qu'ils les ont employés ailleurs? Une telle déclaration serait trop compromettante pour eux; car il s'en suivrait un détournement de deniers que la loi caractérise d'abus de confiance et qu'elle punit sévèrement. Dans tous les cas, cette rétention d'un soulagement dédié, acquis aux malheureux, est un crime; et puisque la loi repousse, pour l'avenir, les coupables mandataires des associés mutuels, ceux-ci ne doivent pas hésiter un moment de provoquer une liquidation dans les formes voulues.

III.

Il nous reste à examiner une dernière proposition, celle qui a pour objet de fixer la position des associés individuellement pris, à l'égard de la Société considérée comme un être moral; et cela depuis 1832, c'est-à-dire depuis les premiers changements apportés au tarif jusqu'à maintenant. Que les gérants ou administrateurs soient tenus de rendre compte des mises qu'aurait produites l'application de l'article 19 des statuts, c'est un point que nous croyons avoir irrévocablement établi. Mais les associés qui ne datent que de 1832, et ceux qui, depuis, ont laissé renouveler leurs engagements, sont-ils obligés de suivre la foi d'un tarif qu'ils croyaient réellement modifié? Les assurés de la première classe, par exemple, qui, pour la section des villes, n'étaient assujettis qu'à un maximum de 30 centimes; qui, pour la section des campagnes, ne pensaient devoir que 70 centimes, seront-ils obligés de payer 1 franc, comme le veut l'art. 19, sans préjudice de ce qu'exigent les articles 43 et 44? Et les assurés de la dernière classe, qui ont librement pris l'engagement de verser 4 francs, seront-ils restitués jusqu'à concurrence d'une contribution de 2 francs 80 cent. déterminée par le tarif originel? Voilà des questions qu'il est nécessaire de soulever, et que je résoudrai suivant les aperçus qui me paraîtront les plus justes, les plus conformes à la loi.

A l'égard de la Société, *ut universitas*, il me paraît certain que toutes les assurances prises ou renouvelées depuis 1832 à l'extinction de la Société, sont rigoureusement assujetties aux prescriptions des articles 19, 43 et 44, dans quelques classes que ces assurances soient rangées, comme aussi elles ne peuvent être tenues au delà. Je fonde cette décision sur les motifs suivants :

D'abord, l'autorité du seul contrat légal. Il n'est point de tarif obligatoire que l'article 19 des statuts : ceux présentés par les gérants ne sont que des chiffres trompeurs, dépourvus de toute vertu juridique, dès l'instant où les innovations qu'ils présentent sortent des compréhensions de l'ordonnance d'homologation. Céder à l'influence de ces tarifs, ce serait, non-seulement se jeter dans d'inextricables aberrations et se livrer à l'arbitraire, mais mépriser une règle solennellement adoptée; ce serait donner force de loi à des actes qui, même lorsque tous les intéressés les accueilleraient librement, ne formeraient encore que les éléments d'autant de sociétés distinctes, impuissantes à se mouvoir sans l'assentiment du haut pouvoir administratif: dès lors ce serait aller directement contre les prohibitions de la loi. Dira-t-on qu'il y a eu novation dans le contrat? ce serait une chose inadmissible, puisque les nouveaux tarifs ne sont pas légaux ; puisqu'ils n'ont pour eux ni un acte public, ni la sanction administrative, qui seuls peuvent leur conférer la vie civile : et on sait que lorsque le contrat nouveau n'est pas régulier, il n'opère pas novation. « Si la nouvelle obligation n'existait point, *si* » *elle était nulle dans son principe, l'ancienne ne serait pas éteinte ; car* » *l'extinction resterait sans cause,* » dit M. Toullier, tome VII, n° 271. Du reste, les agents n'ont jamais dit qu'il s'agissait de nouvelles sociétés ; ils ont dit, au contraire, qu'ils apportaient au contrat des *améliorations,* qu'ils faisaient des *perfectionnements,* tout cela en vertu de l'article 107 ; et Dieu sait comment ils ont réussi ! On ne pourrait pas dire non plus qu'à partir de la première réforme, les assurés ont entendu abandonner le contrat et se jeter dans l'incertitude d'une simple communauté. Cela serait si peu fondé que l'on a constamment maintenu dans les liens de la Société les assurés qui, par surprise ou autrement, ont laissé arriver la fin de leurs engagements sans avoir dénoncé leur intention de sortir dans les délais de l'article 15 ; que, bien que les gérants ne se soient guère référés qu'au texte élastique de l'article 107 pour agir, ils n'ont cessé de faire sonner aux oreilles des associés les fragments subsistants des premiers statuts, et enveloppé dans leurs dispositions, plus ou moins justement interprétées, tous ceux qui avaient le malheur de se laisser prendre aux filets de la Mutuelle. Enfin, les assurés se sont crus liés les uns envers les autres par des rapports sociaux, sans songer qu'ils avaient la liberté dont jouissent les communistes. Et dès qu'il n'y a pas novation par la substitution d'un contrat nouveau et régulier à l'ancien, pourrait-on mépriser ce dernier qu'aucune décision administrative ou judiciaire n'a altéré, et que l'on offre sans cesse en perspective aux assurés ? Il faudrait oublier toutes les précautions que le législateur a prises pour assurer à la Société en général un état précis d'existence, en lui imposant la nécessité du contrat, c'est-à-dire de l'acte, toutes les fois qu'elle aurait pour objet une valeur excédant 150 fr., et en proscrivant toute prétention alléguée, même avec offre de preuve, qui sortirait du contrat.

Les engagements existants au moment des réformes. — Ces engagements étaient nombreux au 1ᵉʳ janvier 1852, et un grand nombre portaient

leur durée dans un long avenir. Or, les engagements dont il s'agit prenaient racine dans le contrat légal. N'est-il pas juste de les respecter et d'assujettir à leur forme, à leur mouvement, les assurances nouvelles qui viennent emprunter le bénéfice de leur communion? Et quelle anomalie de traiter les premiers selon le tarif primordial, et d'appliquer aux autres les délibérés informes des conseils de la Société! d'obliger, dans le premier cas, les assurés de la première classe à 1 franc de contribution, et d'admettre, dans le second, leurs co-associés de la même classe à une cote de 30, 70 centimes, suivant la section dans laquelle on les a rangés! de demander, dans la quatrième classe, aux uns 2 fr. 80 c., à d'autres 3 fr. 17 c.; à des troisièmes, 4 fr., à d'autres encore, 5 fr.; enfin à des cinquièmes, 6 fr., quand tous ont les mêmes chances d'avantages! quand tous recevront la même indemnité en cas de sinistres! Et le même raisonnement s'applique aux deux classes intermédiaires dont je ne parle pas. On conçoit tout de suite que l'admission des différences que nous signalons pour la contribution réciproque des assurés dans la même classe, n'entraînerait pas seulement des complications insolubles, mais qu'elle blesserait l'équité, qu'elle romprait l'égalité entre les membres de l'association, et mènerait à l'anarchie. Dans toute Société, les mises doivent être en rapport avec les avantages espérés : si les mises sont différentes dans la quotité de leur valeur, les avantages sont réglés en conséquence. M. Treilhard, dans l'exposé des motifs sur le contrat qui nous occupe, disait : « Nous l'avons déjà dit,
» la bonne foi est surtout nécessaire dans le contrat de la société ; et
» *comme toute clause qui tendrait à jeter sur l'un toutes les charges et à*
» *gratifier l'autre de tous les bénéfices, se trouverait en opposition manifeste*
» *avec la bonne foi et la nature de l'acte, pareille convention serait essentiel-*
» *lement nulle* [1]. Il faut, pour que l'égalité ne soit pas violée, qu'il y
» ait entre les associés répartition des charges et des bénéfices : non
» qu'il soit nécessaire que toutes les mises soient égales ou de même
» nature, et que la part dans les profits soit la même pour tous; *mais il*
» *faut que la différence dans la répartition des bénéfices, s'il en existe une,*

---

[1] On se rappellera que, dans la première classe, la section des villes ne payait pas même ses frais d'administration.

» *soit fondée ou sur une mise plus forte*, *ou sur des risques plus grands*, ou
» sur de plus éminents services, *ou enfin sur toute autre cause légitime*
» *en faveur de celui qui est le plus avantagé* [1]. » En mutualité, deux cir-
constances rendent les mises inégales; 1º la nature des matériaux employés aux constructions et le mode d'occupation des bâtiments; 2º la
différence dans la valeur respective des bâtiments. Eh bien! l'article 19
des statuts a été fait précisément pour satisfaire aux besoins du premier
cas, pour mettre les charges en rapport avec les chances de risques et
placer tous les assurés, sans exception, sur le même théâtre d'attente;
en sorte que cette différence dans le procédé n'est observée que pour
arriver à une égalité parfaite dans le résultat. Quant au second cas,
c'est la valeur reconnue aux bâtiments rangés dans telle ou telle classe
qui détermine le montant de la mise, et cette valeur, reconnue régu-
lière, forme toujours la base invariable sur laquelle, un sinistre arri-
vant, l'indemnité devra être payée. Or, si les assurés postérieurs à 1831
ont profité ou dû profiter des indemnités dans une mesure qui est rigoureusement la même que celle des assurés antérieurs, comment se-
raient-ils admis à apporter une mise différente? De quel droit viendraient-
ils choisir les clauses du contrat qui leur seraient favorables et repousser
les autres? Où serait la règle d'égalité dont vient de parler M. Treilhard,
qui veut que la différence dans les bénéfices soit fondée sur une différence dans la mise ou sur toute autre cause légitime de faveur? On voit
donc qu'il est nécessaire de tout rattacher au contrat existant, d'iden-
tifier les assurés nouveaux aux anciens et de les assujettir à une même
loi pour les charges, puisque, le cas échéant, ils doivent participer aux
mêmes avantages.

Mais si la puissance de l'acte social oblige, dans la mesure des termes
et de l'esprit qu'il comporte, les assurés qui y ont, pour un temps
quelconque, adhéré avant le 1er janvier 1832; si les engagés nouveaux,
qui sont venus depuis prendre part à la communion des premiers assurés, ont dû subir la loi qu'ils ont trouvée en vigueur, il paraît juste
de réserver aux intéressés, *ut singulis*, qui auraient été trompés, un re-

---

[1] *Locré*, tome XIV, page 521.

cours contre les gérants fautifs. Ainsi, les deux sections de la première classe, qui avaient contracté sur la foi des tarifs qu'on leur a produits, doivent, après avoir satisfait à la nécessité de la loi sociale qui les atteint à juste titre, conserver une action personnelle en recours contre les agents, ou plutôt contre les gérants; autrement leur bonne foi aurait été surprise. Mais les assurés des dernières classes qui auraient consenti à donner une cote dépassant les maximum de l'article 19, ne seraient pas liés au delà de ces maximum; car, comme on l'a dit, la mise n'étant que relative en mutualité, tout ce qui serait versé en sus de la contribution des co-assurés de la même classe, formerait un paiement *sans cause*, sujet à répétition.

Tels sont, ce me semble, les seuls principes qui doivent être suivis dans la liquidation de la Société, en ce qui concerne le temps de sa durée légale. Mais, avant de traiter du terme de la Mutualité dijonnaise, je dois m'occuper d'une question sur laquelle il est nécessaire d'être fixé; c'est celle de savoir si la loi sur le contrat de société est applicable à l'espèce d'association qui nous occupe.

Dire que la loi sur les sociétés s'applique, dans *toutes* ses dispositions, à l'association mutuelle, ce serait évidemment une exagération; mais soutenir qu'elle lui est étrangère, ce serait, à mon avis, une grave erreur.

Le savant auteur que nous avons cité plusieurs fois, M. Troplong, cependant, soutient cette dernière opinion; et il cite même à son appui un arrêt de la chambre des requêtes du 12 janvier 1842. Examinons donc la question de plus près.

D'abord je dois faire justice, pour le cas dont nous nous occupons, de l'arrêt cité. Il s'agissait de savoir, dans l'espèce de cet arrêt, si la mort d'un assuré devait rompre le contrat mutuel, et il fut décidé que la nature de l'association ne permettait pas d'admettre une telle cause de dissolution [1]. Ainsi, il ne juge nullement la question proposée. Mais il la jugerait, qu'un arrêt ne suffirait pas pour faire jurisprudence, pour dispenser d'une nouvelle étude de la matière; car, comme le dit le cé-

---

[1] On peut voir, d'ailleurs, ce que dit de cet arrêt M. Troplong lui-même. (*Sociétés*, n° 886.)

lèbre Proudhon dans la préface de son *Traité d'usufruit*, page 20, la jurisprudence n'est pas un art d'imitation. Reste donc la doctrine de M. Troplong.

Cet auteur fonde sa théorie sur ce que, dans toutes sociétés, on doit avoir pour but de faire des bénéfices, tandis que dans la mutualité, on se propose seulement une garantie contre des pertes. Ce raisonnement ne me paraît nullement concluant.

L'article 1832 du Code civil exige trois choses pour la formation de la société : 1° le contrat, c'est-à-dire une convention de la part des parties qui veulent s'associer; 2° des valeurs apportées en commun; 3° un espoir d'avantages à partager. Ces trois caractères se trouvent-ils dans l'association mutuelle? Voilà la question.

D'abord, il existe une convention entre les parties : une mutualité n'embrasse pas forcément tous les individus compris dans le territoire de sa circonscription, elle ne se forme que par les adhésions volontaires données par les associés à un acte commun, libellé d'avance, et approuvé par le gouvernement. Cette première condition n'est donc pas douteuse dans la Mutuelle.

Il y a aussi un apport commun. Cet apport est composé des promesses de contribution dont la tradition est subordonnée à un événement futur et incertain : ces promesses forment bien évidemment un patrimoine social. Dans toute société, l'avoir social se compose des aliénations individuelles *consenties* par les associés; ici ce caractère est saillant au plus haut degré. Reste à apprécier la troisième condition, la seule, d'ailleurs, qui soit contestée.

Il est tout naturel de croire que lorsqu'on s'engage dans une société, c'est pour en retirer un bénéfice; et je pense que le mot *bénéfice*, dans la loi, veut dire avantage quelconque, mais réel, c'est-à-dire appréciable en argent. Or, est-il vrai que ce but manque à la mutualité? Mais pourquoi les associés, libres dans le principe, enchaîneraient-ils leur volonté, se lieraient-ils par un contrat, s'il ne devait pas en résulter pour eux un avantage? Pourquoi ces associés se décideraient-ils à aliéner une partie de leurs droits individuels pour en composer un domaine commun, si aucun bénéfice ne devait leur revenir en retour?

Ce bénéfice, c'est l'espoir d'une indemnité en cas d'incendie. Nous sommes constamment à la merci d'événements qui peuvent, en un instant, faire disparaître notre fortune. Trop peu généreux pour les supporter avec résignation, nous cherchons à nous en exonérer par le moyen de l'association, par la formation d'un ensemble de ressources destinées à réparer les pertes que nous pouvons éprouver. Le but que nous nous proposons a donc un avantage certain, appréciable en argent, puisque, le cas échéant, il doit être réalisé en espèces même. Il peut arriver que l'associé retire un bénéfice immense de son association ; si, par exemple, un accident frappe sa propriété assurée après le paiement d'une seule annuité, il touchera une somme incomparablement plus forte que celle qu'il a versée. N'est-ce pas là un bénéfice, un avantage aussi marqué que celui qu'on peut se proposer dans beaucoup d'autres associations ? Mais M. Troplong dit, n° 14 : « ..... Si l'*assureur* » peut se promettre des gains, il n'en est pas de même de l'*assuré*, qui » ne peut jamais faire servir l'assurance de moyen d'acquérir. Il suit de » là que, dans la mutualité, la qualité d'assuré paralyse le droit ordi- » naire de l'assureur. »

Ce langage ne me satisfait point ; et, j'en demande bien pardon au savant auteur que je me permets de combattre, je ne trouve là ni sa pénétration ordinaire, ni les traits de lumière qu'il fait presque toujours jaillir des questions qu'il trouve à l'état d'obscurité. En mutualité, loin de se promettre des gains, l'*assureur* sait toujours qu'il supportera des charges ; ce qu'il demande en retour, c'est le titre d'*assuré* ; la qualité d'*assureur* et celle de *contractant* se confondent, en ce qu'elles obligent celui qui en est revêtu à verser la contribution promise, mais ce double titre, qui n'en est qu'un, est accepté volontiers malgré ce qu'il a d'onéreux, parce qu'il donne immédiatement en échange la qualité d'*assuré*, qualité qui renferme en elle-même l'avantage poursuivi, le bénéfice recherché dans l'association. C'est donc uniquement pour être *assuré* que l'on se porte *assureur*, ou, si l'on veut, que l'on s'oblige envers les autres ; le titre d'assuré ne paralyse donc aucun droit ; au contraire, c'est ce titre qui donne des droits dans l'actif social ; c'est ce titre qui réserve le bénéfice immense d'une indemnité en cas de malheur. Il peut arriver toutefois que l'on perde la qualité d'assuré, tout en restant chargé encore de celle d'assureur; c'est lorsque, par exemple, le contrat étant arrivé à son terme, on reste débiteur de mises non versées. L'article 64 des statuts de Dijon en fournit un pareil exemple, quand il dit que le bénéfice de l'assurance cessera à l'égard de tout associé non payant, après quinze jours du premier exploit judiciaire. D'un autre côté, on peut rester encore assuré, bien qu'on ne serait plus assureur; c'est lorsque, ayant satisfait aux mises convenues, on a, soit par suite de sinistres, soit par l'événement de l'extinction de la Société, une part à prendre au dividende résultant de l'encaisse mutuel. Ainsi, que les mots ne jettent aucune obscurité sur la matière : les termes de contractant, d'assureur, celui d'obligé, doivent servir à désigner le mutuelliste dans une première position, dans celle où il est assujetti à des devoirs envers la Société; et la dénomination d'assuré lui convient dans une seconde position, dans celle où il se présente comme stipulant, pour réclamer des droits contre la Société : dès qu'il s'est libéré comme débiteur, il se trouve créancier éventuel pour une somme beaucoup plus forte que sa mise, et c'est pour atteindre ce but suprême qu'il s'est engagé et qu'il a payé. Les mutuellistes jouent donc les trois rôles du sociétaire; ils s'obligent réciproquement par un contrat dont ils passent acte, ils transportent des valeurs de leur domaine privé dans un domaine commun; puis ils attendent le bénéfice d'un dividende, soit pour le cas où il adviendrait des sinistres, soit pour celui où arriverait la fin de la société.

Je ne pense pas que, par bénéfice, la loi entende un lucre nécessairement produit par des négociations. Un grand nombre de sociétés ne sont pas destinées à se produire au dehors par un mouvement considérable d'affaires; beaucoup ne doivent guère agir que dans le cercle de leur intérieur. S'il en était autrement, elles prendraient toutes la physionomie de la société commerciale; or, on sait que les sociétés civiles se manifestent, d'habitude, par des actes très réservés, et quand même on donnerait la mutualité pour le type de la modestie sur ce point, on ne pourrait en tirer argument pour lui refuser le titre de société, puisque la loi n'exige rien à cet égard.

D'ailleurs, notre législation sur la société reproduit à très peu près les dispositions des lois romaines sur la même matière. Or, la L. 32, lib. 17, tit. 11, *pro socio*, dit : *Nam cum tractatu habito societas coita est, pro socio actio est. Cum sine tractatu, in re ipsa et negotio communiter gestum videtur.* — Ainsi cette loi ne fait attention ni aux mises, ni au but proposé, pour déterminer l'espèce d'action qui compète aux parties : dès que la société se montre par un contrat, elle accorde l'action *pro socio*; c'est que la loi laisse aux parties le choix de mettre en société telles choses que bon leur semble, pourvu qu'elles n'aillent contre aucune prohibition ; c'est qu'elle leur permet de tendre vers tel avantage qui leur conviendra, sans s'occuper si cet avantage doit être actif ou passif ; il faut seulement qu'il soit physique, matériel, qu'il soit appréciable en argent.

Dira-t-on que les mutuellistes sont seulement en communauté ? Ce serait impossible ! Comme le fait entendre la loi que nous venons de citer, la simple communauté n'offre guère qu'une situation sans contrat préalable ; elle est souvent amenée par une circonstance, par un cas fortuit. Toujours les intéressés ont une tendance à sortir de leur état, à se tourner le dos, si je puis m'exprimer ainsi, et à emporter ce qui leur arrive individuellement. Or, sont-ce là le maintien et la tendance des mutuellistes ? Ceux-ci ne prennent-ils pas l'initiative d'une association par un contrat formel ? Ne se portent-ils pas en avant avec des valeurs qu'ils aliènent de leur avoir propre pour concourir à la formation d'un fonds commun revendiquant le titre de propriété sociale ? Ne tendent-ils pas à un but éminemment utile, avantageux pour tous ? Cessons donc de leur contester le titre de sociétaires, et disons que la définition donnée à la société en général, par l'article 1832 du Code civil, convient parfaitement à l'association mutuelle, qu'elle frappe même de tous points cette association.

Au reste, après avoir traité des sociétés universelles qui sont étrangères à notre sujet, le Code, s'occupant de l'espèce de société qu'il nomme particulière, ouvre bien évidemment une place à la mutualité ; il dispose d'une manière générale, art. 1842 : « Le contrat par lequel plusieurs personnes s'associent, soit *pour une entreprise désignée, soit, etc.*, *est aussi une société particulière.* » — Ainsi ce texte est riche et fécond ; il embrasse toute espèce d'entreprise licite, et n'exclut nullement celle qui aurait pour objet de se garantir de pertes éventuelles. Or, si la loi ne comporte aucune prohibition à cet égard, comment la doctrine, comment la jurisprudence même, pourraient-elles en suppléer une ? Ecoutons d'ailleurs les paroles qui ont été prononcées lors de la présentation de la loi, les paroles d'après lesquelles elle a été adoptée ; c'est le véritable moyen de se pénétrer de son esprit.

M. Treilhard disait dans l'*Exposé des motifs* : « Ce contrat (celui de
» société) peut avoir *une infinité* de causes particulières. On s'associe
» pour un achat, pour un échange, pour un louage, pour *une entre-*
» *prise*, enfin pour toute espèce d'affaires ; des associés peuvent donc,
» en cette qualité, être soumis à toutes les règles des différents contrats,
» suivant les motifs qui les ont réunis.

» *Tel est le caractère distinctif du contrat de société. Les autres contrats*
» *ont des engagements bornés et réglés par leur nature particulière;* MAIS LE
» CONTRAT DE SOCIÉTÉ A UNE ÉTENDUE BIEN PLUS VASTE, PUISQU'IL PEUT EM-
» BRASSER DANS SON OBJET TOUS LES ENGAGEMENTS ET TOUTES LES
» CONVENTIONS.

» Tout ce qui est licite est de son domaine, IL NE TROUVE DE LIMITES
» QUE DANS UNE PROHIBITION EXPRESSE DE LA LOI [1]. »

Que dirai-je ? M. Troplong lui-même nous dit dans son ouvrage sur les Sociétés, n° 110 :

« On peut également mettre en société des *chances* futures. En voici
» un exemple :

» Le 28 octobre 1823, quatre pères de famille, ayant chacun un fils
» sujet au recrutement, stipulent, 1° que, voulant mettre en commun
» les chances du sort, ils forment par portions égales un fonds de 2,400
» francs, qui sera réalisé à la première réquisition de celui ou de ceux
» qui y auront intérêt ; 2° que si le sort désigne un seul des quatre
» jeunes gens, celui-ci prendra dans le fonds une somme de 1,600 fr. ;
» s'il en désigne deux, ils prendront chacun 1,000 fr. ; s'il en désigne

_____

[1] *Locré*, tome XIV, page 517.

» trois, ils prendront chacun 800 francs ; enfin, s'il les désigne tous
» quatre, les société et mises de fonds demeureront nulles de plein
» droit. »

Or, c'est exactement la mutualité que reproduit cet exemple ; c'est
une association réciproque d'assurance contre les chances du sort,
comme l'établissement de Dijon était une association réciproque d'assurance contre les chances d'incendie ; l'une et l'autre ont pour but de
se préserver de pertes ; seulement la première opère en petit et la seconde
opère en grand ; mais elles sont absolument de même nature et n'offrent
pas ombre de différence [1].

Et je serais bien curieux de savoir sous quelle règle on prétendrait
placer la mutualité en la faisant sortir de la loi commune des sociétés ?
A moins de mettre cette espèce d'association au ban de la civilisation,
de la reléguer dans une région barbare et sauvage, il faudra bien la
placer sous quelque autorité. Or, dès qu'on admettra que nos lois la
protègent, il est plus naturel de croire qu'elle est appuyée par la loi sur
les sociétés que par celle sur les baux, etc. Ainsi, lorsque le contrat
mutuel nous offrira des difficultés, lorsqu'il nous paraîtra incomplet,
nous aurons recours, pour nous déterminer, d'abord à la législation
sur les obligations en général, et ensuite à la loi particulière aux sociétés, bien persuadés que celle-ci lui est applicable. Ces principes nous
paraissent les seuls raisonnables, les seuls justes, les seuls, enfin, que
la loi admette ; c'est, du reste, ce que nous croyons avoir irrévocablement établi.

Nous arrivons à la question énoncée plus haut, à celle qui a pour
objet de déterminer la durée légale de l'association mutuelle.

De prime abord, l'association mutuelle paraît avoir duré jusqu'à l'ordonnance du 9 février 1848 ; mais je ne pense pas qu'elle ait conservé

---

(1) L'association des pères de famille et celle de Dijon ont en particulier ce trait de ressemblance,
que leurs mises sont limitées. Bien que nous ayons traité plus haut de la limitation des mises et de
leur proportion dans la Mutualité de Dijon, il n'est peut-être pas inutile d'en dire un mot en passant.
Dans l'exemple donné ci-dessus, chaque père de famille devait, d'après le contrat, verser 600 fr. Or,
pense-t-on qu'un mandataire, même l'un des associés, chargé de la mise à exécution du contrat,
quoique muni d'une procuration portant en termes généraux la faculté de modifier ce contrat, aurait
pu demander à l'un 800 fr. et à l'autre 400 fr. ? C'est cependant ce qui a été pratiqué à l'égard des
sociétaires dijonnais.

jusque-là son existence. Le gouvernement a voulu arrêter, par un acte éclatant et hautement décisif, le mouvement illégal et désordonné du personnel administratif de la Société ; mais il n'a point entendu priver les associés des autres causes de dissolution que recélerait la Mutuelle et qui peuvent leur être profitables : c'est donc à eux à les relever et à les faire valoir.

Je trouve qu'il existe dans la Mutualité dijonnaise deux causes de dissolution antérieures à l'ordonnance du 9 février : la première résulte des jugements qui ont prononcé la résolution du contrat ; la seconde procède du marché passé avec la Bienfaisante ; nous avons signalé ces atteintes à l'intégrité de la Société dans l'exposé des faits. Ces deux causes sont à peu près contemporaines. J'aurais pu ne parler que d'une, puisque l'événement de la première a pu détruire l'association ; mais si elle ne paraissait pas victorieuse aux juges qui auront à régler les parties, il y aurait lieu de se rattacher à la seconde.

Je dis donc que la première cause de dissolution remonte au premier jugement qui a résolu le contrat, aux torts de la Société, à la requête d'un des associés. Le plus ancien jugement de ce genre que je connaisse, a été rendu par le juge de paix de Vesoul (Haute-Saône), en 1845, et confirmé par le tribunal civil de la même ville le 5 janvier 1846. En effet, cette décision a détruit complétement l'obligation de réciprocité qui attachait l'un à l'autre les sociétaires. On sait que les membres d'une société sont tellement liés entre eux qu'ils apparaissent comme une seule personne. Pour mettre en relief l'état unitaire d'une collection d'individus ayant le titre de Société, tous les auteurs appellent cette collection un être moral, une personne civile, distincte des membres individuellement pris. Ces membres forment comme les éléments d'un seul *tout* ; or, si l'un obtient sa distraction, le *tout* est détruit, la loi de réciprocité disparaît ; dès lors plus de société. Il est vrai que l'association mutuelle d'assurances diffère des sociétés ordinaires, en ce qu'elle est susceptible d'un mouvement continuel de membres entrants ou sortants, sauf le minimum d'assurances exigé par le gouvernement. Mais ce mouvement n'altère en rien l'état unitaire de la Société lorsqu'il s'accomplit d'une manière naturelle et conforme aux conventions; parce que, dans ce cas, la Société marche sans secousse; parce qu'elle suit en tous points les conditions du contrat formé de l'ensemble réuni des statuts et des adhésions. Mais l'on ne peut plus faire le même raisonnement quand un des associés, relevant les infractions de ses co-traitants investis de la confiance du mandat de gestion, articule ses griefs devant un tribunal, et obtient la résolution de ses engagements; il y a ici séparation violente, il y a rupture du contrat, non pas dans les mains fautives de l'assuré, mais dans le sein coupable de l'association; il y a destruction des conditions d'unité et de réciprocité de ce contrat. Si le détachement prématuré d'une adhésion était le résultat d'un jugement obtenu *par* la Société, dans un esprit de conservation, *contre* un membre réfractaire, dangereux ou à charge, on conçoit que la Société ne recevrait aucune atteinte; ce serait la coupe d'une branche corrompue, menaçant la santé de l'arbre entier. Mais les choses se présentent sous un tout autre coup d'œil. C'est la Société elle-même qui accomplit dans son intérieur des actes compromettants et ruineux; c'est elle qui amène, qui active même sa propre désorganisation par des excès inqualifiables. Dans cet état, elle est attaquée par un sociétaire; elle succombe! et après cela on voudrait la dire encore vivante! Non. C'est *ut universitas* qu'elle a été poursuivie; c'est *ut universitas* que le jugement l'a frappée : c'est l'arbre vicié, reconnu menaçant, et abattu par la hache judiciaire. L'article 1871 du Code civil, en s'opposant à l'action en dissolution des sociétés à terme, si ce n'est pour des motifs justes et relevants, nous fait suffisamment entendre que lorsque ces motifs existent et sont accueillis par le juge, la société atteinte par le jugement disparaît. Aussi Ulpien, *l.* 63, *tit. II, lib.* 17, *D., pro socio*, dit très laconiquement : « *Societas solvitur.... ex actione ;* » et Paul, expliquant ce texte dans la L. 65 : « *Actione distrahitur (societas),* » dit-il, *cum aut stipulatione,* AUT JUDICIO, *mutata sit causa societatis.* » Or, après avoir subi un jugement, la condition de la Société de Dijon n'est-elle pas complétement changée? Disons donc, avec Paul, qu'elle est dissoute, qu'elle est détruite.

Mais dans le cas où, contre toute attente, le moyen de dissolution que nous venons de développer ne serait pas reconnu suffisant, on ne pourrait manquer d'accueillir la seconde cause que nous avons indiquée, celle résultant du marché passé avec la compagnie la Bienfaisante : ce marché est à la date du 18 juillet 1846. Dès cette époque, si la Société pouvait croire encore à son existence, elle s'est vue définitivement en pleine déroute : les associés n'ont plus cru aucunement à un lien, à un engagement réciproque. Aussi, depuis il n'y a pas eu, je crois pouvoir l'affirmer, un seul paiement libre, si ce n'est de la part de ceux qui auraient ignoré le traité. Ceux-là seuls qui ont été condamnés en justice, ou qui ont voulu éviter un procès, ont versé des mises ; mais les autres ont échappé aux coups des agents travaillant encore pour la Mutuelle ; soit que les uns, en petit nombre à la vérité, aient suivi l'ignominieux traité dont ils avaient été l'objet, par le motif que les primes de la Bienfaisante étaient moins élevées que les anciennes ; soit que d'autres, en bien plus grand nombre, aient passé dans les rangs des compagnies rivales, parce qu'ils se croyaient dégagés ; soit que, par ce dernier motif, des troisièmes aient cru pouvoir garder leur liberté. Joignons à ces nombreuses désertions celles résultant de jugements rendus dans le sens de celui dont nous nous sommes occupé. Tout cela comporte une masse d'assurances productives de primes, que la caisse mutuelle perd sans retour. Or, l'article 1865 du Code civil porte :

« La Société finit.... par l'extinction de la chose : » et l'article 1867, venant donner les règles de l'application de ce texte, dit :

« Lorsque l'un des associés a promis de mettre en commun la pro-
» priété d'une chose, *la perte survenue avant que la mise en soit effectuée*
» *opère la dissolution de la société* PAR RAPPORT A TOUS LES ASSOCIÉS. »

Le contrat de société est un de ceux qui sont parfaits par le seul consentement des parties, c'est-à-dire de ceux qui transmettent la propriété de la chose avant même que cette chose soit livrée. Mais cette règle reçoit exception pour le cas où la chose promise reste *indéterminée ;* ce n'est que lorsqu'elle est fixée d'une manière certaine que la Société en devient propriétaire, quand bien même il n'y aurait pas encore tradition [1]. Or, dans le cas particulier, le contrat mutuel ne porte, de la

---

[1] *Toullier,* tome VII, depuis le n° 451 jusques et compris le n° 460.—Troplong, *Sociétés,* du n° 916 au n° 936.

part des adhérents, que des promesses de mises ; le montant de ces mises est subordonné, pour sa fixation, à un événement futur et in-certain, qui laisse provisoirement les choses en suspens ; d'où il suit que la contribution réciproque et effective des assurés n'est la propriété de la Société que lorsque, l'année à laquelle elle s'applique étant écoulée, les sinistres ont été réglés, et que l'on a désigné la part à verser par cha-que sociétaire, sauf à garder les limites posées par les *maximum :* par cette circonstance, le contrat ne devient parfait, c'est-à-dire ne commu-nique la propriété des mises, qu'au fur et à mesure que les années s'ac-complissent, restant toujours à l'état imparfait ou de simple promesse pour tout le temps futur. Dès lors, les pertes que nous avons signalées, et qui ne viennent pas seulement d'un associé, mais de la forte majo-rité, sont arrivées à une époque où ce qui en était l'objet n'était pas en-core devenu, par rapport à l'avenir, la propriété de la Mutuelle ; ce qui rend applicable la disposition des articles que nous avons retracés.

On ne pourrait objecter qu'alors la Mutuelle possédait encore plus de huit millions d'assurances. Dès qu'il y avait cession des assurés, leur complète défection était possible, était même imminente, d'autant plus que la nouvelle position était, sinon plus rassurante, du moins beau-coup allégée pour les charges. Mais cette considération, bien qu'impor-tante, n'est pas la principale. La raison fondamentale, c'est que la perte est arrivée d'une manière contraire à la marche ordinaire et naturelle du contrat : c'est que les adhésions, identifiées aux statuts et devenues une même chose avec eux, se trouvent brusquement rompues avant le terme, et font disparaître, par ce fait, des valeurs sur lesquelles les autres sociétaires avaient dû compter pour un avenir tel que le fixait le contrat. Or, ce fait place les choses dans un état où elles n'eussent point commencé : c'est le cas d'appliquer cette règle puisée dans le droit ro-main : « *Obligatio, quamvis initio recte constituta, extinguitur, si res in-* » *ciderit in eum casum a quo incipere non poterat* [1].

C'est cette règle qui préside à l'esprit de l'article 1867 du Code, par le motif qu'en matière de société plus qu'en toute autre, l'intégralité

---

[1] *Toullier*, tome VII, n° 446.—*Inst.*, lib. II, tit. xx, § xiv.— *Inst.*, lib. III, tit. xx, § ii.— *D.*, lib. XLV, tit. i, l. 140, § ii.

des choses promises devient la mesure de la confiance des associés, et que la perte, même partielle, survenue depuis la promesse,
mais avant la communication de la propriété, s'oppose à l'achèvement
du contrat, dont l'état à venir reste imparfait; c'est un événement qui le
détruit, ou plutôt qui l'empêche d'exister. M. Troplong, sur la question
dont il s'agit, Sociétés, n° 942, dit : « Ou la chose est entrée dans le do-
» maine de la Société quand elle périt, et sa perte n'entraine pas la dis-
» solution de la Société, à moins qu'elle ne fût la chose principale, essen-
» tielle, pour l'action de la société ;

    » Ou bien, au moment de la perte, cette chose n'était pas encore entrée
» dans le domaine de la Société, et son EXTINCTION EMPÊCHE LA SOCIÉTÉ ET LA
» DISSOUT, *par cette raison capitale, que l'un des associés ne pouvant*
» plus effectuer *sa mise,* L'ÉGALITÉ MANQUERAIT AU CONTRAT. »

Au reste, depuis le double événement des jugements de résolution du
contrat et de la vente des associés, la plupart de ceux-ci n'ont plus cru
à l'existence de la Mutuelle, ils se sont dès lors abstenus de payer les
primes. Or, leur bonne foi ne serait-elle pas trompée aujourd'hui si on
venait leur reproduire un contrat qu'ils ont, avec raison, regardé comme
déchiré? Comment, ceux qui n'ont nullement compté sur une indemnité en cas de sinistres, seraient néanmoins recherchés pour des paiements! Il n'en peut être ainsi; ce serait les contraindre par un lien fa-
buleux.

Mais en assignant la dissolution de la Société, soit au premier jugement de résolution du contrat, soit à l'acte de transfert des associés, il
faudra décider que les membres qui ont payé depuis, et qui n'ont pas
les moyens d'établir la violence qu'on leur a faite, sont de simples communistes; que les rapports qui les unissent n'ont d'autres règles que
les faits accomplis, règles d'ailleurs qui sont homogènes, puisqu'on a
suivi la foi du dernier tarif élaboré par les gérants; que ceux-ci doivent présenter un compte spécial de cette phase finale de la Mutuelle, où
toutes les sommes reçues seront figurées à l'actif, et où les sinistres des
seuls communistes payants,. ainsi que les frais qui s'y rattacheraient,
formeront le passif. Car ceux-là seuls ont des droits à la communauté
qui ont versé des mises; toute réclamation d'indemnité faite par des

membres qui se prétendraient sociétaires, et qui n'auraient pas payé pour l'année du sinistre, devrait être écartée. La disposition de l'article 64 des statuts, qui ne fait courir la déchéance d'indemnité qu'à partir de la quinzaine de la première signification judiciaire, ne leur est pas applicable : on ne peut les contraindre à payer puisqu'il n'y a pas de contrat; mais ils ne peuvent non plus faire valoir des prétentions sur le fonds commun ; la mesure du paiement réalisé devient juste la mesure de leurs droits s'il y a eu des sinistres.

Quant aux communiers qui ont été obligés de payer par suite de pour-suites judiciaires, il faut distinguer : ou ils ont versé les sommes ré-clamées avant qu'il y ait eu jugement, et alors ils ont une action en répétition fondée tout à la fois, et sur l'erreur résultant d'un acte fictif, et sur la violence qu'on a exercée à leur égard et qui a nécessairement dû leur faire craindre pour leur fortune ; ou ils ont été frappés par des jugements en dernier ressort, émanés des justices de paix, et alors il n'y a aucun moyen d'échapper à leur effet, puisqu'il n'y a pas lieu à requête civile [1]; ou enfin ils sont sous les coups de condamnations pro-noncées par les tribunaux de première instance et les cours d'appel, et dans ce cas l'article 480 § 9 du Code de procédure civile donne ou-verture à la requête civile, par le motif que ces décisions ne reposent que sur un tarif imaginaire, une pièce fabriquée qui n'a pas même pour elle l'appui spécieux de l'article 107 des statuts, pièce fausse par con-séquent; d'où il suit que, la rétractation des jugements une fois obtenue, on pourrait recouvrer les sommes indûment versées.

Je me résume.

En fait, j'ai fait connaître que les modifications apportées au tarif de la Mutualité, avaient réduit ses ressources et préparé sa ruine; que les sociétaires, rebutés de la conduite inique des gérants, avaient refusé de payer les primes et fait résoudre le contrat; que les gérants, dans la pensée de conserver des places aux agents et d'éteindre sans secousse

---

(1) Curasson, *Comp. des juges de paix*, tome II, page 466 et suivantes. — Bioche et Goujet, *Dict. de pr.-verb.*, *Juges de paix*, nos 255 et 277.

la Société, s'il lui restait de la vie, avaient vendu à une compagnie soi-disant rivale le reste des associés, et avaient rendu par là impossible tout ralliement, toute reconstitution qui aurait eu pour objet d'acquitter l'arriéré.

En droit, j'ai démontré que les changements avaient frappé injuste-ment les assurés des dernières classes, nonobstant des *maximum* fixes de contribution ; que les assurés des premières classes, au contraire, avaient été épargnés sans motif, contrairement aux termes du con-trat qui établissait une loi de proportion, et d'une manière tellement ruineuse, qu'elle enlevait tout espoir d'indemnité aux incendiés ; que les gérants étaient sans pouvoir pour opérer des réformes de cette gra-vité ; que les paiements faits en conséquence ne pouvaient, dans le cas particulier, former aucune ratification ; que d'ailleurs l'immutabilité des articles 19, 43 et 44 des statuts est aujourd'hui solennellement re-connue par l'avènement de l'ordonnance du 9 février 1848 ; que les gé-rants sont rigoureusement tenus de présenter leur compte d'après ces articles, sans toutefois qu'ils puissent poursuivre le recouvrement des sommes dues, attendu qu'ils ne sont pas liquidateurs de droit.

J'ai également démontré que les sociétaires engagés au 1er janvier 1852 et ceux qui se sont obligés depuis, sont tous assujettis au contrat pri-mitif tant qu'a duré la Société, sauf recours contre les gérants pour ceux qui ont été trompés ou qui ont trop payé. Je crois avoir établi en-suite, par une digression, que la loi sur les sociétés comprenait les as-sociations mutuelles d'assurances ; que dès lors les deux causes de dis-solution que j'ai relevées devaient être appliquées à la Mutualité dijon-naise. Enfin, je termine par indiquer le mode de liquidation qui doit présider à la communauté qui a suivi la Société, à savoir l'obligation de n'admettre, pour règle de cette liquidation, que les faits accomplis, avec réserve des droits de ceux qui auraient été forcés de subir des paie-ments contre leur volonté.

Ce Mémoire m'a été demandé par plusieurs personnes intéressées avec moi à la Mutuelle de Dijon : je me suis empressé de souscrire à ce vœu, non-seulement parce que la question me touchait, mais aussi parce qu'elle regarde une nombreuse population. Mais, je dois le dire, l'inté-

rêt particulier de telle ou telle catégorie d'associés ne m'a point préoc-
cupé ; ainsi que c'était mon devoir, je ne me suis attaché qu'aux principes de rigoureuse justice. C'est maintenant à tous ceux qui se recon-
naissent des droits, à s'entendre pour organiser une demande en reddi-
tion de compte et poursuivre une liquidation définitive.

STATUTS

SOCIÉTÉ MUTUELLE D'ASSURANCES CONTRE L'INCENDIE,

FONDÉE A DIJON

pour les départements de la Côte-d'Or, l'Yonne, Saône-et-Loire et le Doubs.

AUTORISÉE PAR ORDONNANCE ROYALE DU 1er SEPTEMBRE 1824 (1).

————⊰⊷⊱————

CHAPITRE PREMIER.

FONDATION ET CONDITIONS DE L'ASSURANCE.

ART. 1er. Il y a société anonyme d'assurances mutuelles contre l'Incendie entre les soussignés et tous autres propriétaires de maisons et bâtiments situés dans les départements de la *Côte-d'Or,* l'*Yonne, Saône-et-Loire* et le *Doubs,* qui adhéreront aux présents statuts.

2. La durée de la société est de trente années ; elle pourra être prolongée avec l'autorisation du Gouvernement.

3. Elle n'entrera en activité que lorsqu'elle réunira des adhésions pour une somme de huit millions ; elle cessera si la masse d'assurances retombe au-dessous de cette quotité.

4. L'association est administrée par un Conseil général, un Conseil d'administration et un Directeur.

5. Un arrêté du Conseil d'administration, rendu public, déterminera l'époque de la mise en activité de la société ; jusque-là, l'effet des adhésions restera suspendu.

6. L'objet de l'association est de garantir mutuellement ses membres des pertes et dommages occasionnés à leurs bâtiments par l'incendie et même par le feu du ciel.

L'assurance peut s'étendre aux pressoirs, cuves, tonnes, et à tous instruments et ustensiles placés par le propriétaire dans ses bâtiments pour le service et l'exploi-

---

(1) Voir l'Ordonnance du Roi à la suite des tarifs.

tation du fonds, ainsi qu'à tous effets mobiliers qu'il y aura fixés à perpétuelle demeure.

Tous autres effets mobiliers sont expressément exclus de l'assurance.

7. La propriété assurée qui serait détruite en tout ou en partie, sur l'ordre de l'autorité, pour arrêter les progrès d'un incendie, donne lieu à l'indemnité comme si le dommage était causé par les flammes.

8. La société ne garantit point les incendies causés par l'état de guerre, par toute force militaire quelconque, par toute commotion ou émeute civile.

9. Tout sociétaire dont les bâtiments se trouveront, au moment de leur incendie, engagés soit à une compagnie à primes, soit à une autre société mutuelle, perdra par le seul fait de ce double engagement ses droits à toute indemnité, sans cesser d'être passible de ses obligations envers la société jusqu'à l'expiration de son assurance ; s'il a été indemnisé avant que ce double engagement fût connu, la société recevra l'indemnité à lui due par la compagnie à primes ou la société mutuelle dont il ferait partie.

10. Ne seront point admis à l'assurance, les magasins et moulins à poudre, les ateliers d'artifice et les salles de spectacle.

Les établissements qui offriraient des chances trop graves d'incendie, pourront être exclus par le conseil d'administration.

11. Les bâtiments réunis sous le même toit, appartenant au même propriétaire, ne peuvent être assurés qu'en totalité.

12. Nul ne peut s'assurer pour moins de cinq ans, ni se retirer de l'association avant l'expiration de son engagement.

13. L'engagement ne peut cesser qu'à l'expiration d'une année sociale ; à cet effet, ce qui reste à courir de l'année dans laquelle on s'assure ne compte point en déduction du temps déterminé par l'article 12 comme étant le minimum de la durée de l'engagement.

14. L'année sociale date du jour de l'entrée de la société en activité. Le premier jour commence après minuit, le dernier finit à minuit précis.

15. Avant les trois derniers mois de son engagement, chaque sociétaire fait connaître à l'agent d'arrondissement, par une déclaration écrite dont il lui est donné récépissé, s'il entend se retirer de l'association ; à défaut de cette déclaration dans le délai fixé, il continue lui et ses héritiers ou ses successeurs à titre universel, d'en faire partie pour un nombre d'années égal à celui de l'engagement précédent.

16. Le sociétaire qui a fait sa renonciation en temps utile, est affranchi des charges

sociales et cesse de recueillir les bénéfices de l'assurance à partir de l'heure de minuit du jour où son engagement expire.

17. La société est subrogée par le fait même de l'incendie à tous les droits et actions du propriétaire incendié envers et contre qui il appartiendra, jusqu'à concurrence des indemnités payées.

18. L'association exclut toute solidarité entre les sociétaires; chacun paie, en proportion des valeurs qu'il a assurées, sa quote-part dans les indemnités, dans les dépenses d'administration, et dans les frais d'expertise et de poursuites lorsqu'il y aura lieu.

19. La portion pour laquelle chaque sociétaire est tenu de contribuer au paiement des indemnités, ne peut jamais dépasser dans le courant d'une année le maximum ci-dessous déterminé pour chaque classe, savoir :

Dans la première. . . . . » fr. 60 c. ⎞
Dans la seconde. . . . . 1 » ⎟ par 1,000 fr. de la
Dans la troisième. . . . . . . 1 80 ⎟ valeur assurée.
Dans la quatrième. . . . . . . 2 40 ⎠

20. Au commencement de l'année sociale, chaque assuré verse à la société moitié de la portion contributive déterminée par l'article 19, pour former un fonds de prévoyance destiné à donner un premier secours aux incendiés.

Ce fonds sera complété au commencement de chaque année s'il n'a été qu'entamé; il sera recréé s'il a été absorbé.

Celui qui s'assure dans le courant de l'année sociale, ne verse son contingent au fonds de prévoyance que pour les mois restant à courir jusqu'à la fin de l'année.

21. Le sociétaire sortant ne peut rien réclamer du fonds de prévoyance; ce qu'il y laisse profite à la société.

22. Un douzième du fonds de prévoyance demeure affecté à chaque mois de l'année, et se répartit au marc le franc entre tous les incendiés du mois, de manière cependant qu'aucun d'eux ne puisse obtenir par cette première répartition plus du quart de l'indemnité à laquelle il a droit.

Si, par l'effet de cette répartition, les incendiés d'un mois n'obtiennent pas le quart de leur indemnité, ce quart leur est complété sur le restant libre des douzièmes des mois antérieurs, et, à défaut, des mois suivants.

23. Les sommes versées au fonds de prévoyance dans le cours de l'année par suite des assurances nouvelles, accroissent par portions égales les ressources des mois qui restent à courir jusqu'à la fin de l'année sociale.

24. A l'expiration de l'année sociale, les sinistres seront soldés par la répartition entre tous les incendiés de la portion restée libre du fonds de prévoyance.

25. S'il y a un excédant de ressources, il sera reporté à l'année sociale suivante, et les assurés auront à verser d'autant moins pour compléter le fonds de prévoyance.

26. Si le fonds de prévoyance est insuffisant, les dommages seront soldés au moyen d'un appel de fonds fait dans les bornes du maximum fixé par l'art. 19.

En cas d'insuffisance du maximum de la portion contributive, elle sera distribuée au marc le franc entre les incendiés, imputation faite à chacun des sommes déjà reçues par lui sur le fonds de prévoyance.

27. Dans le cas où, pour raison d'insuffisance de fonds, le propriétaire incendié ne serait pas indemnisé en entier, les sommes que la société recouvrera comme subrogée à ses droits, lui seront remises jusqu'à concurrence du complément de son indemnité. *(Voir le nota qui est à la fin.)*

28. A mesure que la société se développera, la quotité de la première indemnité, fixée au quart par l'article 22, pourra être augmentée par le Conseil d'administration. *(Elle a été portée au tiers à dater du 1er janvier 1828.)*

29. Celui qui assure une propriété située dans un arrondissement où il ne réside pas, est tenu de faire par sa déclaration élection de domicile dans cet arrondissement pour tout le temps de son engagement.

30. En cas de mutation entre-vifs, ou à cause de mort à titre singulier, l'ayant-droit de l'assuré devra être subrogé à l'engagement de son auteur ; à défaut de quoi l'assuré ou ses héritiers seront réputés continuer officicusement l'assurance en faveur de cet ayant-droit.

31. Une seule propriété ne peut être reçue à l'assurance pour une valeur excédant le centième de la masse des immeubles assurés, sauf à admettre des augmentations successives dans la proportion des accroissements de cette masse.

Par *seule propriété*, l'on entend un seul édifice, ou des bâtiments *contigus*, appartenant au même propriétaire.

32. Toute police prise dans le cours d'un mois n'aura d'effet qu'à dater de l'heure de minuit qui commence le premier jour du mois suivant.

33. Les frais de timbre, d'enregistrement et d'amende, seront à la charge de l'assuré qui y donnera lieu.

34. Aucune police ne peut être signée qu'après l'élection de domicile prescrite par l'article 29, lorsqu'il y a lieu, et après l'acquittement tant des frais d'administration et du prix de la police et de la plaque, que de la moitié de la portion contributive.

35. La déclaration de l'assuré portant adhésion aux statuts est faite en triple expédition, dont une pour le sociétaire, une pour l'agent d'arrondissement, et une pour la direction.

36. Le prix de la police est fixé à un franc pour toutes les constructions situées dans le même arrondissement.

La police ne sera point renouvelée tant que durera l'engagement, à moins d'augmentation ou de diminution dans la valeur de la propriété assurée : dans ce cas, la nouvelle police ne coûtera que 50 centimes.

Le sociétaire qui perdra sa police, en recevra un duplicata pour le même prix de 50 centimes.

37. Dans la quinzaine qui suivra la délivrance de la police, chaque sociétaire est tenu de faire apposer sur la propriété assurée, une plaque portant les lettres A. M.

Cette plaque, dont le prix est fixé à un franc, sera délivrée lors de la signature de la police.

38. Le directeur et les agents d'arrondissement ont seuls qualité pour signer les polices au nom de la société.

39. Les agents sont responsables de la non inscription du nom des assurés sur le journal des sociétaires de leur arrondissement, dans les vingt-quatre heures de la signature de la police.

40. Le premier de chaque mois, chaque agent envoie à la direction une expédition des déclarations qu'il a reçues dans le mois précédent.

41. Il est fait un fonds spécial destiné à donner une pompe à incendie aux cantons qui présenteront le plus d'assurances.

Le Conseil d'administration désignera les cantons auxquels il en sera accordé, et les communes où elles seront placées.

Il pourra les retirer pour défaut d'entretien ou de secours porté aux communes voisines, ou toute autre cause grave.

42. Ce fonds servira encore à distribuer des gratifications ou des médailles aux pompiers et aux autres personnes qui auront sauvé quelqu'un des flammes, ou rendu des services signalés lors d'un incendie.

43. Cinq centimes par 1,000 francs de la valeur assurée, seront versés chaque année au fonds de pompe par chaque sociétaire. Toute somme au-dessous de 1,000 francs paiera comme 1,000 francs.

44. Les frais d'administration sont fixés pour chaque année à 35 centimes par chaque 1,000 francs de la valeur des propriétés assurées, et pour toute somme

de 500 francs à 1,000 francs; ils ne seront que de 20 centimes pour toute somme moindre de 500 francs.

Ils s'acquitteront chaque année en même temps que le fonds de prévoyance.

45. Les établissements publics à la charge des communes, ceux de bienfaisance et tous bâtiments appartenant au culte et aux fabriques d'église, ne paieront que 20 centimes pour frais d'administration par chaque 1,000 francs de la valeur des constructions assurées, et pour toute somme de 500 francs à 1,000 francs ; ils ne seront que de 10 centimes pour toute somme moindre de 500 francs.

46. Le Directeur peut exiger caution pour le paiement des sommes dues en vertu des présents statuts.

CHAPITRE II.

CLASSIFICATION DES PROPRIÉTÉS ASSURÉES.

47. Les propriétés bâties offrant des chances différentes d'incendie à raison non-seulement de leur construction, mais des produits naturels ou manufacturés que l'on y serre, et des professions et industries que l'on y exerce, elles sont partagées en quatre classes, conformément au tableau ci-annexé.

Ces classes concourent ensemble à s'indemniser des dommages causés par le feu, dans les proportions indiquées par ce tableau et fixées par l'article 19.

48. Les constructions de première classe contiguës à un bâtiment de troisième, paieront comme celles de seconde. Celles de première et de deuxième classe contiguës à un bâtiment de quatrième, paieront comme celles de troisième.

CHAPITRE III.

DÉCLARATION DES PROPRIÉTÉS, ET LEUR ENGAGEMENT A L'ASSURANCE.

49. Les bâtiments sont reçus à l'assurance d'après l'estimation qui en est faite entre le propriétaire et l'agent de la société. La valeur qui leur est donnée sert de base au paiement de la portion contributive d'après la classe à laquelle ils appartiennent; elle sert également de base au paiement des frais d'administration et à l'indemnité à laquelle l'assuré a droit en cas d'incendie.

50. Lorsque le Directeur le juge convenable, il fait vérifier les estimations ; cette vérification s'opère par des experts nommés contradictoirement : s'il en résulte qu'il y a lieu à réduction d'un cinquième de la valeur donnée aux immeubles, les frais de l'expertise sont à la charge de l'assuré : dans le cas contraire, ils sont supportés par la société.

Si les experts ne peuvent s'accorder, ils nomment un tiers expert pour les départager.

En cas de réduction de la valeur de l'immeuble, le sociétaire ne peut rien réclamer des sommes qu'il a payées d'après la première estimation.

51. Il est fait par les déclarants une description séparée et détaillée de chacun des bâtiments assurés, avec indication de leur situation, de leurs tenants et aboutissants, des matériaux dont ils sont construits et couverts, de leur destination et de la profession qui y est exercée; ils donnent une estimation particulière à chacun desdits bâtiments et en déduisent la valeur du sol.

Ces estimations sont toujours en sommes rondes de 100 francs.

52. Si la valeur de la propriété vient à éprouver, dans le cours de l'engagement, une augmentation notable, par suite de constructions ou réparations, le sociétaire a la faculté d'augmenter son assurance en fournissant une déclaration nouvelle et prenant une nouvelle police.

53. Dans le cas où la propriété aurait au contraire essuyé une diminution notable par le fait de l'assuré, ou par un événement quelconque, il est tenu de faire à l'agent de l'arrondissement, dans les trois mois de l'événement qui aura diminué la valeur de l'immeuble, une déclaration supplémentaire à l'effet de diminuer la valeur assurée.

54. Lorsque le Directeur apprend qu'un immeuble a éprouvé une diminution notable dans sa valeur, sans que l'assuré en ait fait la déclaration, il fait vérifier la valeur actuelle de la propriété assurée, par des experts nommés contradictoirement : si les experts ne peuvent s'accorder, ils nomment un tiers expert qui les départage. S'il résulte de cette vérification que la diminution opérée est d'un cinquième, les frais de la vérification sont à la charge du sociétaire, et l'assurance est réduite sans que l'assuré puisse rien réclamer des sommes versées par lui depuis la diminution de valeur de sa propriété.

55. Le locataire ou fermier peut s'affranchir du recours que le propriétaire a le droit d'exercer contre lui en cas d'incendie, d'après les articles 1733 et 1734 du Code civil (1), en s'assurant comme s'il était propriétaire. La société demeure alors subrogée à tous ses droits envers qui il appartiendra.

_____

(1) Art. 1733. Il (le preneur) répond de l'incendie, à moins qu'il ne prouve que l'incendie est arrivé par cas fortuit, ou force majeure, ou par vice de construction, ou que le feu a été communiqué par une maison voisine.

Art. 1734. S'il y a plusieurs locataires, tous sont solidairement responsables de l'incendie, à moins qu'ils ne prouvent que l'incendie a commencé dans l'habitation de l'un d'eux, auquel cas celui-là seul

Si le propriétaire est assuré, le locataire ou fermier n'est tenu, pour s'affranchir du recours de la société, que de payer moitié des droits [1].

56. L'assurance du fermier ou du locataire prendra fin dès qu'il y aura cessation de jouissance de sa part, quand même les cinq années de l'engagement ne seraient point expirées.

57. Toute personne peut assurer officieusement pour le compte et au profit d'un autre, en s'obligeant personnellement aux conditions de l'association.

CHAPITRE IV.

EXPERTISE ET PAIEMENT DES DOMMAGES.

58. Tout incendie, au moment où il se manifeste, doit être déclaré par le propriétaire assuré, ou par toute autre personne qu'il aura chargée de ce soin, à la mairie de la commune où l'immeuble est situé. Une seconde déclaration doit être envoyée, à la diligence de l'incendié, dans les deux jours qui suivront l'incendie, à l'agent de l'arrondissement, ou à la direction, si le bâtiment est situé dans l'arrondissement de Dijon. Cette déclaration doit contenir la date de l'incendie, la cause présumée qui l'a produit, l'espèce de construction atteinte par le feu ; indiquer approximativement la gravité du dommage, et être signée du déclarant. Récépissé en sera délivré par l'agent, et elle sera consignée en extrait sur un registre à ce destiné.

59. Dans le mois de la réception de cet avis, deux experts procèdent à l'estimation du dommage. L'un de ces experts est nommé par l'agent de l'arrondissement, et l'autre par le sociétaire incendié. En cas de dissentiment, les deux experts en choisissent un troisième qui les départage. Procès-verbal de l'expertise se dresse en double minute, dont l'une est laissée à l'incendié, et l'autre envoyée à l'agent dans les quarante-huit heures de sa signature par les experts, à la diligence de celui de la société.

La décision des experts est inattaquable.

Les frais de l'expertise sont à la charge de l'association.

60. Si la propriété est entièrement détruite, l'indemnité se règle d'après la valeur totale pour laquelle elle a été assurée ; néanmoins l'incendié est tenu de prendre

en est tenu ; ou que quelques-uns ne prouvent que l'incendie n'a pu commencer chez eux, auquel cas ceux-là n'en sont pas tenus.
(1) Voir l'art. 2 de l'Ordonnance du roi ci-après.

en déduction les matériaux qui auraient résisté à l'incendie, sur l'estimation des experts.

Son assurance cesse dès ce moment.

61. Si la propriété n'est consumée qu'en partie, l'estimation des dommages est faite sur la base du capital assuré, et les experts déterminent la proportion de la partie consumée relativement à la totalité de la propriété.

Dans ce cas, les avantages comme les charges de l'assurance subsistent pour la valeur que la propriété conserve, jusqu'à parfaite réparation du dommage.

62. A la fin de l'année sociale, si un appel sur le reste de la portion contributive est nécessaire, le directeur dresse un tableau où figurent le montant des pertes et des premières indemnités payées, la somme restant à solder, les ressources offertes par les excédants des douzièmes de l'année écoulée, et la quotité des fonds dont il faut faire appel : il en présente en même temps la répartition entre les sociétaires, et appuie le tout des procès-verbaux d'expertise des sinistres. Après vérification, le conseil d'administration arrête l'état de répartition et en prescrit le recouvrement. Tout assuré peut en prendre connaissance dans les bureaux de la Direction.

63. Les sociétaires sont tenus d'acquitter leur quote-part entre les mains des agents d'arrondissement dans les quinze jours de la date de l'avis qu'ils en ont reçu : cet avis est mis au bas d'un extrait de l'état de répartition certifié par le directeur.

64. Les quinze jours écoulés, cet avis est renouvelé, et quinze jours après ce dernier avertissement, le directeur poursuit par toutes les voies de droit le sociétaire en retard de payer la somme dont il est débiteur, d'après l'état de répartition ; l'effet de sa police est suspendu à son égard jusqu'à ce qu'il se soit acquitté, sans que pour cela il puisse cesser de remplir ses engagements envers la Société.

La suspension du bénéfice de l'assurance date de la première signification judiciaire qui lui est faite à la diligence du directeur.

CHAPITRE V.

CONSEIL GÉNÉRAL ET COMITÉ DES SOCIÉTAIRES.

65. Il y a une assemblée de sociétaires sous la dénomination de Conseil général.

Les quinze plus forts assurés de chacun des départements qui composent la circonscription de la Société, forment le Conseil général, lequel ne peut se réunir qu'au chef-lieu de la direction. Le tiers des membres est nécessaire pour que le conseil délibère. Ils ont la faculté de se faire représenter par d'autres sociétaires, pourvu que ceux-ci aient au moins pour quinze mille francs de constructions assurées.

66. Le conseil général est présidé par un de ses membres, élu à la majorité des suffrages.

Le président n'est nommé que pour une année ; il peut être réélu.

67. S'il arrive une vacance dans le sein du conseil général, par décès, démission, vente de propriétés, etc., la vacance sera remplie par le plus fort assuré du même département, non encore membre du conseil.

68. Le conseil général se réunit une fois par an, afin d'arrêter définitivement le compte des recettes et dépenses sociales de l'année précédente : l'un des membres remplit les fonctions de secrétaire, il est nommé pour une année, par le même scrutin que le président, et peut être réélu.

Le conseil peut être convoqué extraordinairement, si cela est jugé nécessaire.

69. A l'avenir, le conseil général nommera les membres du conseil d'administration.

Il nommera aussi le directeur en cas de décès, de démission, ou de révocation. Il décidera, d'après les services rendus, la quotité de la pension à laquelle pourraient avoir droit sa veuve ou ses enfants, en cas de décès ; ou le directeur même en cas de démission.

Cette pension sera nécessairement à la charge de son successeur.

70. Afin que toutes les opérations de la direction soient suivies pendant le cours de l'année, le conseil général choisit dans son sein et hors du conseil d'administration, trois membres, pour en former un comité qui porte le nom de Comité des sociétaires.

Ce comité se renouvelle tous les ans ; ses membres peuvent être réélus.

Il assiste aux séances du conseil d'administration dans tous les cas prévus par les présents statuts : il prend part à la discussion, mais jamais à la délibération.

Il fait convoquer extraordinairement par le directeur, soit le conseil d'administration, soit le conseil général pour les cas urgents, ou les convoque lui-même, à son choix.

Il émet son avis sur le compte annuel des recettes et dépenses sociales, lorsqu'il est réuni par le directeur au conseil d'administration.

Il rend compte au conseil général des observations qu'il a pu faire et des abus qu'il a pu reconnaître dans la gestion du directeur : le conseil général, après avoir entendu le conseil d'administration, délibère sur le rapport du comité, et statue sur ses observations.

CHAPITRE VI.

CONSEIL D'ADMINISTRATION.

71. Le Conseil d'administration est composé de vingt sociétaires, pris dans chacun des départements de la circonscription : il est provisoirement porté à dix membres, et sera complété par le conseil général, dans sa première réunion.

Les dix sociétaires dont les noms suivent sont choisis par les fondateurs pour composer le conseil d'administration, jusqu'à ce qu'il soit complété. *(Voir la note ci-dessous.)*

72. Deux des membres du conseil d'administration sont renouvelés chaque année.

Pendant les neuf premières années, les deux membres sortant seront désignés par le sort ; à la dixième, les plus anciens sortent de droit, et ainsi d'année en année.

Les membres nommés aux lieu et place de ceux qui sortent du conseil par décès, démission, etc., sont remplacés lorsque le tour de ceux auxquels ils ont succédé arrive.

Nota. Le conseil d'administration ayant été complété par le conseil général le 18 janvier 1827, et des nominations y ayant été faites le 11 février 1828, il est composé en ce moment comme il suit :

M. le baron de Bretenière, premier président de la cour royale de Dijon ;
M. le marquis de Courtivron, maire de la ville de Dijon ;
M. Saverot, fils, avocat-général à la cour royale de Dijon ;
M. Belost-Jolimont, avocat-général à la cour royale de Dijon ;
M. Berger, père, maire de la ville de Montbéliard ;
M. Mottin, directeur de l'enregistrement et des domaines, à Mâcon ;
M. Champy, propriétaire, à Lachaume ;
M. Belle de Caux, propriétaire, à Bourbilly ;
M. le marquis de Tanlay, propriétaire, à Tanlay ;
M. le comte de Maleissye, propriétaire, à Percey ;
M. Lefèvre Devaux, propriétaire, à Joigny ;
M. de la Brosse, propriétaire, à Courterolles ;
M. Tupinier, secrétaire-général de la préfecture, à Mâcon ;
M. le comte de Drée, propriétaire, à Sennecey-lez-Mâcon ;
M. Jourdier, maire, à Trizy-sur-Loire ;
M. le marquis Terrier de Loray, sous-préfet, à Baume-les-Dames ;
M. Bouchot, maître de forges, à Clerval ;
M. Japy, aîné, manufacturier, à Beaucourt ;
M. le comte de Morangier, propriétaire, à Mâcon ;
M. le marquis de la Guiche, pair de France, propriétaire, à Charolles.

Les membres du conseil d'administration peuvent être réélus.

73. Chacun des membres du conseil d'administration présentera un suppléant à l'agrément du conseil. Les suppléants devront, ainsi que les membres du conseil, avoir des constructions engagées à l'assurance pour au moins quinze mille francs. Leurs fonctions cessent avec celles des membres qui les ont choisis.

Les suppléants des membres absents sont appelés aux séances du conseil : aucune délibération n'est valide si elle n'est prise par sept membres ou suppléants.

Le conseil nomme dans son sein, à la majorité des suffrages, un président, un vice-président et un secrétaire : la durée de leurs fonctions est d'une année; ils peuvent être réélus.

74. Les membres du conseil d'administration ne contractent, à raison de leurs fonctions, aucune obligation personnelle (1).

75. Le conseil se réunit d'obligation chaque trimestre, sauf les convocations extraordinaires, jugées nécessaires par le directeur ou par le comité des sociétaires.

76. Le conseil délibère sur toutes les affaires de la société, et les décide par des arrêtés consignés sur des registres doubles, ouverts à cet effet.

Ses décisions sont prises à la majorité absolue des suffrages : en cas de partage, le président a voix prépondérante.

77. Il arrête les états de répartition et en ordonne le recouvrement après en avoir vérifié l'exactitude, et s'être assuré que les limites posées à la mutualité par l'article 19 ne sont dépassées pour aucun sociétaire.

78. Il se fait rendre compte des poursuites exercées par le directeur pour faire rentrer les portions contributives des sociétaires en retard ; il déclare tombées en non-valeur celles qu'il reconnaît irrécouvrables, et après avoir entendu l'un des avocats et l'avoué de la société, il prescrit les mesures à prendre pour la rentrée de celles qu'il croit pouvoir être encore recouvrées.

79. La délibération qui déclare une cote tombée en non-valeur, prononce la

---

(1) L'art. 74 des statuts n'est que la reproduction du droit commun en matière d'administration de la société *anonyme;* car dans cette espèce de société l'immixtion dans la gestion des affaires n'implique point obligation de la personne : comme nous l'avons dit dans le Mémoire qui précède, le capital répond seul. Le contraire a lieu dans la société *en commandite :* toute immixtion dans l'administration fait naître une obligation personnelle. Mais il ne faudrait pas, du privilége accordé pour la gestion de la société anonyme, conclure que ses administrateurs sont inattaquables dans tous les cas : ils sont des mandataires dans la valeur rigoureuse du terme; ils sont responsables des fautes qu'ils commettent; ils doivent compte du préjudice causé par une mauvaise gestion, à plus forte raison en sont-ils tenus quand la gestion est coupable. C'est là un principe tellement incontestable que je n'ai pas cru devoir le toucher dans le Mémoire.

radiation du sociétaire contre lequel elle a été poursuivie. Extrait en est inscrit à son article, et son nom est radié, tant par le directeur sur le journal général des sociétaires, que par l'agent d'arrondissement sur son journal particulier.

80. Sont à la charge de la société, toutes les fois qu'ils ne sont pas susceptibles de recouvrement, les frais de poursuite contre les retardataires, ceux de toute action intentée et suivie d'après l'avis du conseil d'administration, ceux de vérification de la valeur des propriétés assurées et ceux d'expertise des dommages. Ces frais s'acquittent sur le fonds de prévoyance et sont compris, s'il y a lieu, après autorisation du conseil d'administration, dans la première répartition, sans que le maximum de la portion contributive de chaque sociétaire puisse jamais être dépassé.

81. Le conseil vérifie, reçoit et débat le compte annuel des recettes et dépenses sociales, lequel reste entre les mains de son président, pour être par lui remis, avec expédition de la délibération contenant les observations du conseil, au président du conseil général.

82. Les avocats, notaire, avoués et architecte de la Société, seront à l'avenir nommés par le conseil d'administration, sur la présentation du directeur; ils y auront voix consultative lorsqu'ils y seront appelés.

Les fondateurs choisissent aujourd'hui : pour conseils et avocats, M° Poncet, *professeur à la faculté de droit de Dijon*, et M° Moncrette ;

Pour avoués, M° Roux, *avoué au tribunal civil de Dijon*, et M° Rollet, *avoué à la cour royale;*

Pour notaire, M° Joliet ;

Pour architecte, M. Papinot.

CHAPITRE VII.

DIRECTION.

83. Il y a un directeur chargé d'exécuter toutes les opérations de la Société.

Il assiste avec voix consultative aux assemblées du conseil d'administration; il convoque les membres du conseil général; il en convoque en outre les réunions extraordinaires sur la demande du comité des sociétaires; il assiste aux unes et aux autres avec voix consultative seulement.

Il convoque également, lorsque cela est nécessaire, les assemblées extraordinaires du conseil d'administration.

84. En cas d'empêchement, le chef des bureaux de la direction remplace le directeur, sous la responsabilité de ce dernier.

85. Le directeur met sous les yeux du conseil général, lors de sa réunion annuelle, l'état de situation de l'établissement, et le compte détaillé de tout ce que la Société a été dans le cas de payer, par suite des dommages causés par le feu.

86. Il donne aux membres du comité des sociétaires les renseignements qu'ils peuvent désirer ; il leur communique les registres des délibérations et arrêtés du conseil d'administration, et les états de situation de l'établissement.

Il donne également à chaque sociétaire les renseignements dont il peut avoir besoin.

87. Après l'expiration de chaque année sociale, le directeur soumet au conseil d'administration le compte général des recettes et dépenses de l'année précédente.

88. Il est chargé de la délivrance des polices d'assurances, de la correspondance et de l'exécution de tous les actes qui peuvent concerner l'établissement.

89. Il tient un journal où sont inscrits tous les sociétaires, avec désignation de leur domicile, de la situation et de la valeur des bâtiments assurés.

Les livres de caisse, les registres de correspondance, de déclarations de dégâts, et tous livres auxiliaires nécessaires, sont également tenus par lui ; il fournit au conseil général, au comité des sociétaires, au conseil d'administration, les registres dont ils ont besoin.

90. Toute instance autre que celle nécessaire pour la rentrée des portions contributives et du fonds de prévoyance, à laquelle les présents statuts donneront ouverture, ne peut être engagée ou soutenue par lui, que d'après l'autorisation du conseil d'administration, l'un des avocats et l'avoué entendus.

91. Le directeur nomme un agent particulier dans chaque chef-lieu d'arrondissement compris dans la circonscription de la Société : il détermine, suivant les localités, la quotité du cautionnement en immeubles à fournir par chacun d'eux, et prend en son nom toute inscription nécessaire.

92. Le directeur nomme et révoque les employés dont il a besoin.

93. Les frais de premier établissement, de loyer des bureaux de la direction, de fournitures de bureaux, de ports de lettres et paquets, d'impressions ; les remises des agents, les traitements des employés et des inspecteurs, sont à sa charge.

Il ne peut être tenu des avances des frais à la charge de la Société ; elles sont prises sur le fonds de prévoyance, d'après l'autorisation du conseil d'administration, et y sont réintégrées ensuite, pour celles qui sont susceptibles de rentrer.

94. Un traité à forfait est consenti entre l'association et le directeur pour les frais d'administration à la charge de ce dernier, aux conditions énoncées au présent chapitre et exprimées en outre dans les art. 36, 37, 44 et 45, pour dix années, à

l'expiration desquelles il sera renouvelé avec lui, aux conditions qui seront trouvées convenables, par le conseil général, sur l'avis du conseil d'administration et du comité des sociétaires.

95. Le domicile de la Société est élu dans le local de la direction, à Dijon, point central de la circonscription.

96. M. Dugied, *ancien magistrat*, est nommé directeur.

97. Le directeur ne devant point être dépositaire des fonds sociaux, d'après l'article 100, n'est tenu que d'un cautionnement en immeubles de la valeur de 10,000 fr. Le président du conseil d'administration prendra toutes inscriptions nécessaires, au nom de la Société; main-levée n'en sera donnée que sur une délibération du conseil d'administration.

98. Ce cautionnement sera fourni successivement : il sera de 5,000 francs, jusqu'à ce qu'il y ait une somme de 20 millions de bâtiments assurés; à ce taux il sera porté à 7,500 francs, puis à 10,000 francs dès que la masse d'assurances atteindra 30 millions.

99. Le directeur est chargé de l'exécution des présents statuts, et ne peut s'en écarter en aucune circonstance.

CHAPITRE VIII.

COMPTABILITÉ.

100. Les fonds sociaux provenant de chaque département seront versés au chef-lieu, et déposés chez le receveur général, ou, à défaut de consentement de sa part, chez un banquier ou négociant agréé par le conseil d'administration, afin de rapporter intérêt au profit de la Société.

101. S'il y avait difficulté de placer avec avantage les fonds sociaux dans l'un des chefs-lieux des départements de la circonscription, ils seraient versés chez celui des autres dépositaires que désignerait le conseil d'administration.

102. Les mandats du directeur, pour paiement des indemnités, seront tirés sur les dépositaires des fonds sociaux, et revêtus du visa du président du conseil d'administration.

CHAPITRE IX.

DISPOSITIONS GÉNÉRALES.

103. Toutes les difficultés que les présents statuts pourraient faire naître, seront décidées par le conseil d'administration, le comité des sociétaires et le directeur entendus.

104. S'il survient quelque contestation entre l'association et un ou plusieurs associés, elle sera jugée à la diligence du directeur par trois arbitres, dont deux seront nommés par les parties respectives, et le troisième par le juge de paix de la situation des biens.

Leur jugement sera sans appel ni recours en cassation.

La sentence sera rendue exécutoire conformément aux lois sur la procédure.

Le sociétaire qui se refusera à nommer un arbitre, y sera contraint par toutes voies de droit.

105. A l'expiration des trente années, il sera procédé par le conseil d'administration, à l'examen de la situation de l'établissement que lui présentera le directeur, et le conseil décidera si l'on devra demander, ou non, une autorisation de prolongation au gouvernement.

106. Si le conseil décide que la prolongation ne sera pas demandée, il procédera à la liquidation générale, sur le compte dressé par le directeur. Les fonds existants seront répartis entre toutes les personnes qui seront alors sociétaires, au prorata de ce qu'elles auront versé dans la dernière année de la Société.

107. Si l'expérience démontrait que des changements ou modifications dussent être introduits dans les statuts, pour l'avantage de la Société, les fondateurs autorisent le conseil d'administration à les faire, sous l'approbation du conseil général, après avoir entendu le comité des sociétaires et le directeur.

A cet effet, les fondateurs donnent dès ce moment au conseil d'administration tous les pouvoirs à ce nécessaires.

108. Ils autorisent le directeur ci-dessus nommé, à se pourvoir par-devant M. le préfet de la Côte-d'Or et MM. les préfets des autres départements de la circonscription, ainsi que près du gouvernement, pour parvenir à l'approbation des présents statuts ; comme aussi à adhérer, au nom des sociétaires, aux amendements que le gouvernement jugerait convenables.

(Suivent le tableau indiqué par l'art. 47, et l'ordonnance du roi qui a approuvé les statuts et autorisé la Société.)

Tableau présentant le maximum de la portion contributive, selon les risques qu'offrent les constructions et les professions

DESTINATION DES BATIMENTS, ET INDICATION DES PROFESSIONS QUI AUGMENTENT LES RISQUES.	1re CLASSE. Bâtiments construits et couverts en matériaux incombustibles, avec professions sans risques ou de risques simples.	DEUXIÈME CLASSE. Bâtiments construits et couverts en matériaux incombustibles, avec professions de risques doubles.	DEUXIÈME CLASSE. Bâtiments en pans d. bois, couverts en matériaux incombustibles, avec professions de risques simples.	TROISIÈME CLASSE. Bâtiments construits et couverts en matériaux incombustibles, avec professions de risques triples.	TROISIÈME CLASSE. Bâtiments en pans d. bois, couverts en matériaux incombustibles, avec professions de risques doubles.	TROISIÈME CLASSE. Bâtiments construits en matériaux incombustibles, couverts en chaume, avec professions sans risques ou de risques simples.	QUATRIÈME CLASSE. Établissements avec machines graves, quelles que soient leur construction et leur couverture.	QUATRIÈME CLASSE. Constructions en bois ou en torchis, couvertes en chaume ou en bois, quelle que soit la profession y exercée.
	fr. c.	fr. c.	fr. c.	fr. c.	fr. c.	fr. c.	fr. c.	fr. c.
Eglises	» 60		1 »			1 80		»
Maisons d'habitation et de ferme	» 60		1 »			1 80		2 40
Ecuries et étables		1 »			1 80			2 40
Granges (1) bien bâties et bien couvertes		1 »			»			»
Id. mal bâties et bien couvertes					1 80			»
Id. bien bâties et mal couvertes						1 80		»
Id. mal bâties et mal couvertes								2 40
Maisons contenant marchandises hasardeuses		1 »			1 80			2 40
Id. (2) id. doublement hasardeuses				1 80				2 40
Professions avec risques.								
Amidouniers	» 60		1 »			»		»
Apprêteurs de tissus		1 »				1 80		»
Armuriers	» 60		1 »			1 80		»
Aubergistes	» 60		1 »			1 80		»
Id. logeant des rouliers		1 »				1 80		2 40
Boulangers	» 60		1 »			1 80		»
Carrossiers louant voitures	» 60		1 »			»		»
Id. fabricant de voitures	» 60		1 »			»		»
Charpentiers	» 60		1 »			1 80		2 40
Charrons	» 60		1 »			1 80		2 40
Commissionnaires de roulage	» 60		1 »			»		»
Confiseurs	» 60		1 »			»		»
Cordiers	» 60		1 »			1 80		»
Corroyeurs		1 »				1 80		»

(1) Par *bien bâti*, l'on entend bâti en matériaux *incombustibles*, comme pierres, briques, plâtre ou pisai. Par *bien couvert*, l'on entend couvert en matériaux *incombustibles*, comme laves, tuiles, ardoises ou métaux.
Par *mal bâti*, l'on entend bâti en pans de bois ou en torchis; et par *mal couvert*, l'on entend couvert en bois ou en chaume.
(2) Par marchandises *hasardeuses*, on entend les grains en gerbe, paille, foins, brai, goudron, chanvres, lins, laines en suint, huiles, liqueurs et eaux-de-vie jusqu'à 22 degrés.
Par marchandises *doublement hasardeuses*, on entend l'eau-forte, les esprits et eaux-de-vie au-dessus de 22 degrés; les soufre, térébenthine et vernis.
Nota. L'art. 48 des Statuts porte que tout bâtiment de première classe, voisin d'un bâtiment de troisième, paiera comme celui de seconde; et voisin d'un bâtiment de quatrième, paiera comme celui de troisième; 2° que tout bâtiment de seconde classe, voisin d'un bâtiment de quatrième, paiera comme celui de troisième.

DESTINATION DES BATIMENTS, ET INDICATION DES PROFESSIONS QUI AUGMENTENT LES RISQUES.	1re CLASSE. Bâtiments construits et couverts en matériaux incombustibles avec professions ou de risques simples.	DEUXIÈME CLASSE. Bâtiments construits et couverts en matériaux incombustibles avec professions ou de risques doubles.	Bâtiments couverts en matériaux incombustibles avec professions de risques simples.	TROISIÈME CLASSE. Bâtiments en pans d. bois, couverts de matériaux incombustibles avec professions de risques simples.	Bâtiments construits en matériaux incombustibles avec professions de risques triples.	Bâtiments construits en matériaux combustibles couverts en chaume, avec professions sans risques ou de risques simples.	QUATRIÈME CLASSE. Établissements avec risques graves, quelles que soient leur construction et leur couverture.	Constructions en bois ou en torchis, couvertes en chaume ou en bois, quelle que soit la profession y exercée.
	fr. c.	fr. c.	fr. c.	fr. c.	fr. c.	fr. c.	fr. c.	fr. c.
Entrepreneurs de voitures publiques	» 60	»	1 »	»	»	»	»	2 40
Epiciers	»	1 »	»	1 »	»	1 80	»	2 40
Forgerons	» 60	»	1 »	»	»	1 80	»	2 40
Imprimeurs	» 60	»	1 »	»	»	»	»	»
Emballeurs	» 60	»	1 »	»	»	»	»	»
Liquoristes-Distillateurs	» 60	»	1 »	»	»	»	»	»
Marchands de couleurs et vernis au détail	» 60	»	1 »	»	»	»	»	»
Marchands de chevaux	» 60	»	1 »	»	»	»	»	»
Marchands de fourrages	»	1 »	»	»	1 80	»	»	»
Menuisiers	» 60	»	1 »	»	»	1 80	»	2 40
Parfumeurs-Fabricants	» 60	»	1 »	»	»	»	»	»
Pâtissiers	» 60	»	1 »	»	»	»	»	»
Pharmaciens	» 60	»	1 »	»	»	»	»	»
Peintres en bâtiments ou en voitures	» 60	»	1 »	»	»	»	»	»
Plumassiers	» 60	»	1 »	»	»	»	»	»
Poste aux chevaux	»	1 »	»	»	1 80	»	»	»
Serruriers, Maréchaux, Taillandiers	» 60	»	1 »	»	»	1 80	»	2 40
Tonneliers, Vanniers, Tourneurs en bois	» 60	»	1 »	»	»	1 80	»	»
Traiteurs et Cabaretiers	» 60	»	1 »	»	»	1 80	»	2 40
Fabriques et Usines.								
Ateliers de Tisserands	» 60	»	1 »	»	»	1 80	»	2 40
Bains publics	» 60	»	1 »	»	»	1 80	»	»
Blanchisseries	» 60	»	1 »	»	»	1 80	»	»
Blanchisseries avec séchoirs à chaud	»	»	»	»	»	»	2 40	»
Brasseries avec foyers dans des lieux voûtés	» 60	»	»	»	1 80	»	»	»
Id. id. id. non voûtés	»	»	»	1 80	»	»	»	»
Distilleries ordinaires avec foyers en lieux voûtés	»	1 »	»	»	1 80	»	»	»
Id. id. id. en lieux non voûtés	»	»	»	1 80	»	»	»	»
Id. des propriétaires de vignes	» 60	»	1 »	»	»	»	»	»
Distilleries d'esprits en grand	»	»	»	»	»	»	2 40	»
Id. par les propriétaires de vignes	»	1 »	»	»	1 80	»	»	»
Fabriques de bronzes	» 60	»	1 »	»	»	»	»	»
— de calicots	» 60	»	1 »	»	»	»	»	»
— de chandelles et fonte de suif	»	1 »	»	»	»	1 80	»	»
— de chapeaux	» 60	»	1 »	»	»	»	»	»
— de cire à cacheter et à brûler	» 60	»	1 »	»	»	»	»	»
— de couleurs	»	1 »	»	»	1 80	»	»	»
— de couvertures et d'ouate	»	1 »	»	»	1 80	»	»	»
— de draps, velours et étoffes	» 60	»	1 »	»	»	»	»	»
— de garances	»	»	»	»	»	»	2 40	»
— de glaces	»	»	»	»	»	»	2 40	»
— d'huiles	»	1 »	»	»	1 80	»	»	»
— de papiers peints	»	1 »	»	»	1 80	»	»	»
— de plaqué	» 60	»	1 »	»	»	»	»	»
— de plomb laminé	» 60	»	1 »	»	»	»	»	»
— de porcelaine, poterie, faïence, verre	»	»	»	1 80	»	»	»	»
— de produits chimiques	»	1 »	»	»	1 80	»	»	»
— de savon noir	» 60	»	1 »	»	»	»	»	»
— id. blanc	»	1 »	»	»	1 80	»	»	»
— de soude et de potasse	»	1 »	»	»	1 80	»	»	»
— de toiles imprimées avec séchoirs à froid	» 60	»	1 »	»	»	»	»	»
— id. id. avec séchoirs à chaud contigus	»	»	»	»	»	»	2 40	»
— id. cirées et de taffetas gommé	»	»	»	»	»	»	2 40	»
— de térébenthine et de vernis	»	»	»	»	»	»	2 40	»
Filatures de coton	»	»	»	»	»	»	2 40	»
— de laine avec ateliers carrelés, plafonnés	»	1 »	»	»	1 80	»	»	»
— id. id. ni carrelés ni plafonnés	»	»	»	1 80	»	»	»	»
— de soie	» 60	»	1 »	»	»	»	»	»
Forges, Fonderies, Martinets	»	1 »	»	»	1 80	»	»	»
Halles au charbon à l'usage des forges	»	»	»	1 80	»	»	»	»
Moulins à blé ordinaires	» 60	»	1 »	»	»	1 80	»	»
Id. sur bateaux	»	1 »	»	»	1 80	»	»	»
Id. à vent en pierres, toiture tournante	»	1 »	»	»	1 80	»	»	»
Id. en bois, sur pivot	»	»	»	»	»	»	»	2 40
Moulins à huile ordinaires	»	1 »	»	»	1 80	»	»	»
Id. sur bateaux	»	1 »	»	»	1 80	»	»	»
Id. à vent en pierres, toiture tournante	»	1 »	»	»	1 80	»	»	»
Id. id. en bois, sur pivot	»	»	»	»	»	»	»	2 40
Papeteries avec séchoirs à l'air	» 60	»	1 »	»	»	1 80	»	»
— à chaud	»	»	»	»	»	»	2 40	»
Raffineries d'huiles	»	1 »	»	»	1 80	»	»	»
— de sel	» 60	»	1 »	»	»	1 80	»	»
— de soufre	»	»	»	»	»	»	2 40	»
— de sucre	»	»	»	»	»	»	2 40	»
Salpétreries	»	»	»	1 80	»	»	»	»
Scieries	» 60	»	»	»	»	1 80	»	»
Tanneries	» 60	»	1 »	»	»	1 80	»	»
Teintureries	» 60	»	1 »	»	»	1 80	»	»
Tuileries	» 60	»	»	1 »	»	1 80	»	»

Paris , le 1er septembre 1824.

ORDONNANCE DU ROI.

LOUIS , par la grâce de Dieu , ROI DE FRANCE ET DE NAVARRE ,
 A tous ceux qui ces présentes verront , SALUT.
Sur le rapport de notre ministre secrétaire d'état au département de l'intérieur,
Notre conseil d'Etat entendu ,
Nous avons ordonné et ordonnons ce qui suit :

Art. 1er. La Société d'assurances mutuelles contre l'incendie formée à Dijon , par acte passé devant Joliet et Rouget , notaires en ladite ville , le 26 juin 1824 , est autorisée pour les départements de la Côte-d'Or, de l'Yonne , de Saône-et-Loire et du Doubs seulement.

Les statuts de ladite Société , contenus audit acte , lequel demeurera annexé à la présente ordonnance , sont approuvés , sauf la réserve exprimée à l'article suivant.

Art. 2. Nonobstant la rédaction de l'article 55 des statuts , le second paragraphe dudit article sera entendu comme il suit :

Tout locataire ou fermier d'une propriété assurée , qui aura justifié , par une déclaration du propriétaire ayant date certaine , et enregistrée à la direction de la Société , qu'il concourt avec son propriétaire aux obligations de l'assurance , est affranchi , envers la compagnie , du recours qu'elle pourrait avoir à exercer contre lui en cas d'incendie , à raison de la responsabilité du locataire.

Art. 3. Nous nous réservons de révoquer notre autorisation en cas de violation ou de non exécution des statuts , sauf les droits de dommages et intérêts des tiers.

Art. 4. La Société sera tenue de remettre tous les ans copie conforme de son état de situation aux préfets des quatre départements de la Côte-d'Or, de l'Yonne , de Saône-et-Loire et du Doubs , ainsi qu'aux greffes des tribunaux de commerce de ces départements. Copie dudit état sera adressée à notre ministre secrétaire d'état de l'intérieur.

Art. 5. Notre ministre secrétaire d'état de l'intérieur est chargé de l'exécution de la présente ordonnance , qui sera insérée au Bulletin des lois avec l'acte annexé.

Pareille insertion aura lieu au Moniteur et dans les journaux destinés aux annonces judiciaires de chacun des départements qu'embrasse la Société.

Donné au château des Tuileries, le 1ᵉʳ septembre de l'an de grâce mil huit cent vingt-quatre, et de notre règne le trentième. *Signé* LOUIS.

PAR LE ROI : *Le ministre secrétaire d'état au département de l'intérieur,*

Signé CORBIÈRE.

_____

Nota. Une ordonnance royale du 24 juin 1828 a approuvé les délibérations par lesquelles les deux conseils de la Société ont créé *une réserve* où se mettront les bonis obtenus sur le fonds de prévoyance, et décidé que s'il arrivait une année dont les charges ne pussent être couvertes ni par ses ressources ni par la réserve, les bonis des années heureuses qui suivront *seront appelés pour compléter les indemnités :* seulement, l'ordonnance a restreint cette solidarité aux bonis de trois exercices, parce qu'il n'a point été jugé nécessaire de l'étendre au delà. Ces mesures ont paru à S. Ex. le ministre de l'intérieur tellement garantir le remboursement intégral des pertes, que le 15 juillet 1828 il a écrit à MM. les préfets des quatre départements embrassés par la Société, qu'il consentait à ce qu'elle assurât les bâtiments communaux.

Besançon, impr. et lithogr. de J. Jacquin.

www.ingramcontent.com/pod-product-compliance
Lightning Source LLC
LaVergne TN
LVHW022028080426
835513LV00009B/924